ESTUDIOS MUSICALES DEL CLASICISMO – 7

Boccherini

Homenaje a Remigio Coli

El doctor Remigio Coli

ESTUDIOS MUSICALES

DEL CLASICISMO

7

Boccherini

Homenaje a Remigio Coli

Editorial Arpegio

Sant Cugat, 2024

Ilustración de la cubierta: Plano de Madrid, por Juan Lopez (1812)

Coordinación editorial: Araceli Santana Fariña

© 2024, Los autores
© 2024, Editorial Arpegio, Sant Cugat (Barcelona)

77AM43

Impreso en España - Printed in Spain
Primera edición: Mayo, 2024

ISBN: 978-84-15798-77-4
Depósito legal: B 9907-2024

Impreso por VERSUS, Madrid

*A la memoria de
Remigio Coli (1932-2021)*

ÍNDICE

PRESENTACIÓN   XIII

HOMENAJE A REMIGIO COLI: Tres evocaciones   XV

    I   – Por Elisabeta Coli.   XVII
    II – Por Marco Mangani.   XXI
    III – Por Jaime Tortella   XXV

JOSÉ ANTONIO RUFETE: El expediente matrimonial entre
Luigi Boccherini y Mª Pilar Joaquina Porreti   3

Expediente matrimonial Boccherini-Porreti (facsímil)   25

FERNANDO MÍNGUEZ IZAGUIRRE: Acerca de los conciertos de la
Universidad Politécnica de Madrid en la
Escuela de Caminos (1979-1987).   47

Programa de mano del IV Ciclo de Música Clásica
Universidad Politécnica de Madrid – 1985 (Boccherini).   59

JAIME TORTELLA: Dos puntualizaciones sobre las viviendas
madrileñas de Luigi Boccherini   77

Bibliografía.   97

SIGLAS UTILIZADAS

AAM	Archivo del Ayuntamiento de Madrid
ADAM	Archivo Diocesano del Arzobispado de Madrid
AHN	Archivo Histórico Nacional (Madrid)
AHDM	Archivo Histórico Diocesano de Madrid
APM-SJP	Archivo parroquial de Las Maravillas y Stos. Justo y Pastor (Madrid)
APSG	Archivo Parroquial de San Ginés (Madrid)
APSJ	Archivo Parroquial de los Santos Justo y Pastor (Madrid-Parroquia extinguida)
APSM	Archivo Parroquial de San Martín (Madrid)
APSS	Archivo Parroquial de San Sebastián (Madrid)
BNE	Biblioteca Nacional de España (Madrid)

PRESENTACIÓN

Este **número** de la colección de los **Estudios Musicales del Clasicismo** (EMC-7) está dedicado íntegramente a Luigi Boccherini o al 'boccherinismo', y se estructura de los siguientes seis segmentos:

1.- Un preámbulo con tres evocaciones, mediante las cuales la Editorial Arpegio ha querido rendir un homenaje póstumo a un gran estudioso de Boccherini, el doctor Remigio Coli, fallecido el 20 de diciembre del año 2021, cuyos trabajos sobre el compositor de Lucca han sido pioneros y de enorme valor para los esfuerzos que venimos llevando a cabo en aras de la plena recuperación del más grande compositor italo-español del periodo clásico. El doctor Coli, también luqués, fue socio fundador del Centro Studi Luigi Boccherini di Lucca y socio ordinario de la Asociación Luigi Boccherini, de Madrid, entidades con las que colaboró desde el principio. Quienes le conocieron sienten con dolor su irreparable ausencia;

2.- El primer artículo es un análisis del estudioso José Antonio Rufete, sociólogo que ha dedicado últimamente un muy loable esfuerzo a la recuperación documental de la vida de Giovanni Gastone Boccherini, hermano mayor de Luigi. En este caso, realiza una interesante pesquisa sobre el expediente matrimonial de Boccherini con su segunda esposa, Maria Pilar Joaquina Porreti, dos años después de quedar viudo de Clementina Pelliccia;

3.- A continuación, se ofrece el texto completo de dicho expediente matrimonial (reproducido en facsímil), un importante documento parroquial y notarial inédito que contiene abundantes e importantes datos, hasta ahora desconocidos, que permiten corregir algunos errores biográficos de Luigi y sus familiares;

4.- El siguiente artículo contiene una glosa, firmada por Fernando Mínguez Izaguirre, Ingeniero de Caminos Canales y Puertos, y autor de audiovisuales y obras teatrales, acerca de las actividades musicales de la Universidad Politécnica de Madrid, durante los años 1979 a 1986, cuyo primer concierto de la IVª Serie, en la Escuela de Ingenieros Caminos, estuvo dedicado a Boccherini. Dicho concierto con música del maestro de Lucca tuvo lugar hace casi 40 años (1985), en un momento en el que Boccherini permanecía mayoritariamente ausente de la programación musical en España, tanto en las salas de concierto como en las emisoras de radio especializadas; además, los infrecuentes conciertos y las escasas grabaciones discográficas solían contener versiones mixtificadas, adulteradas o simplemente apócrifas, sobre todo, pero no exclusivamente, en cuanto a la instrumentación;

5.- Inmediatamente a continuación, se reproduce entera la imagen facsímil del extenso programa de mano que, con gran acierto y conocimientos, redactó el propio Mínguez Izaguirre para ese concierto de 1985.

6.- Por último, sugeridas por la última nota a pie de página del mencionado programa de mano y por el artículo de José Antonio Rufete, el historiador 'boccherinista', Jaime Tortella, desarrolla unas reflexiones y puntualizaciones sobre las vivienda madrileñas de Boccherini que le llevan a proponer una nueva hipótesis plausible, diferente a la que publicó a este propósito, junto con José Antonio Boccherini, el año 2001, sobre la localización de la última vivienda del músico en Madrid.

Como de costumbre, recordamos a nuestros colaboradores, lectores y amigos que la colección **Estudios Musicales del Clasicismo** está siempre abierta para quien nos proponga trabajos de calidad vinculados a la música universal de ese periodo, sin más límite de extensión que el de no ser susceptible de constituir un libro por sí mismo.

Editorial Arpegio
Sant Cugat del Vallès, 2024

EVOCACIONES

HOMENAJE A REMIGIO COLI

EVOCACIÓN I

A LA MEMORIA DE REMIGIO COLI,
MÉDICO, ESCRITOR, ERUDITO,
PERO SOBRE TODO HOMBRE DE GRAN CULTURA

ELISABETTA COLI

El nombre de mi padre, Remigio Coli, está indisolublemente unido al de Luigi Boccherini. Mi padre, de hecho, ha dedicado a la vida y obra del compositor de Lucca más de treinta años de investigación en archivos nacionales e internacionales, y ha publicado tres biografías, así como ensayos en revistas especializadas, e impartido conferencias y emisiones radiofónicas, convirtiéndose en un punto de referencia para músicos de todo el mundo.

Nacido en 1932, en su infancia había pasado por el período de la guerra, del que conservaba un recuerdo nítido, lleno de anécdotas, como las huidas a los refugios antiaéreos o el reparto por parte de los aliados de chocolate (que se convertiría en una de sus pasiones a partir de entonces) y que en su vertiente menos trágica, le había legado una fuerte vitalidad.

Siempre había habido una vena artística en su familia (su padre era pintor, su abuelo profesor de dibujo, un tío escultor) y desde muy joven escribió poesía y novelas.

Tras jubilarse de su profesión de médico internista hospitalario, comenzó su segunda vida dedicado a sus pasiones, la literatura y después la música clásica. Al principio, centrado en los grandes compositores alemanes, con conciertos orquestales (Bruckner, Mahler Wagner (¡cuántas veces resonó en casa el Anillo del Nibelungo!). Luego, pasó a la música de cámara y, con el encuentro con Luigi Boccherini, nació un estrecho vínculo. De la simple escucha de la música pasó a la investigación sobre la vida del compositor, que le llevó a bibliotecas y archivos de Italia y España, a la caza de documentos sobre su obra y al establecimiento de relaciones de colaboración y amistad. Esta investigación, llevada a cabo con la incansable ayuda de mi madre Giovanna, profesora de literatura italiana, dio como resultado una gran cantidad de documentos, información y estudios comparativos que ayudaron a esclarecer aspectos de la vida del compositor aún oscuros en aquel momento, reconstruyendo una biografía precisa. Gracias a este trabajo, ha sido posible descifrar ciertas cuestiones musicales relativas a su estilo y a su posición en el clasicismo europeo, así como definir su iconografía: es de especial consideración que, de los cinco retratos canónicos del compositor, dos aparecieron por primera vez en los libros de mi padre.

Trabajó, a pesar de no ser un especialista en la materia, junto a muchos expertos, lo que le valió el título de musicólogo honorario. Para los músicos de toda Italia, se había convertido en un punto de referencia por su conocimiento de la obra y la vida de Boccherini, las partituras que poseía y su vasta colección de grabaciones del compositor. Fue miembro de numerosas asociaciones temáticas, como el Comitato Nazionale "Luigi Boccherini", la Asociación Luigi Boccherini de Investigación y Difusión Musical o la Società Italiana di Musicología, y fue uno de los miembros fundadores del Centro Studi Luigi Boccherini, contribuyendo de manera significativa al redescubrimiento y la valoración del gran compositor de Lucca.

En los últimos años, considerando evidentemente concluida su labor de redescubrimiento y promoción del compositor, había entrado en lo que él llamaba su tercera vida, ampliando sus estudios sobre las costumbres y las tradiciones de la Lucca del siglo XVIII, desde una perspectiva histórico-política, publicando diversos libros como *Nobili e ignobili nel settecento lucchese* y *Dame e Cicisbei a Lucca nel tardo Settecento*, así como otras novelas como *Perdigon*, *Lievi tracce nell'anima*, *Solo i depressi vanno in paradiso*, esta última en forma de libro electrónico, manteniéndose así muy al día. Incluso con los años, de hecho, había conservado intacta su curiosidad, su planificación para el futuro y su capacidad de apasionarse, teniendo siempre en su estudio una gran cantidad de notas, borradores de novelas y ensayos inéditos.

En 2019, en una ceremonia pública en el Auditorio del Conservatorio que lleva el nombre de Luigi Boccherini, recibió la medalla de la Ciudad de Lucca de manos del entonces alcalde, en reconocimiento a sus estudios sobre el gran compositor luqués y su contribución a la ciudad. En el mismo auditorio, un año después de su muerte en 2021, tras una larga vida llena de pasiones e intereses, entristecida por una enfermedad afortunadamente breve, se celebró una conmemoración bajo el patrocinio del propio Conservatorio y del Centro Studi Luigi Boccherini. Durante las celebraciones del 279 aniversario del nacimiento del compositor, en 2022, hubo numerosos recuerdos institucionales y personales de su figura y su papel,

Era un hombre de gran cultura y curiosidad, sediento de conocimientos. Sus intereses eran múltiples y abarcaban más allá de la música y la literatura, desde la política al psicoanálisis, desde la historia moderna a la pintura impresionista. Todo ello, sin embargo, combinado con una mentalidad científica, derivada de sus estudios de Medicina que le habían inculcado un enfoque analítico de los temas. Cuando leía un libro o escuchaba una pieza musical, no era sólo cuestión de disfrutar o no, sino que sentía la necesidad de ir más allá, de analizar la experiencia del autor, el contexto histórico y biográfico, diseccionando quirúrgicamente la obra. Y es precisamente gracias a ese enfoque científico-analítico, que también tiene en cuenta los acontecimientos biográficos y el contexto cultural social y político de la época, por lo que tuvo éxito en su labor de sistematización del catálogo autógrafo de Boccherini, que sigue siendo su contribución más importante a la musicología.

—

EVOCACIÓN II

Marco Mangani

Conocí a Remigio Coli un día de primavera de 1990.

Por aquel entonces yo trabajaba en la emisora Radio Montebeni, que muchos años después se convertiría en Rete Toscana Classica, la benemérita emisora con sede en Prato que difunde música clásica por todo el país. Aquel día, el entonces director de la emisora me avisó de la llegada de un señor de Lucca que traía un paquete de CDs: le acompañaba una señora cuyo aspecto llamaba inmediatamente la atención por la extraordinaria mata de pelo, que siempre anunciaba su llegada con mucha antelación. Con el tiempo, me daría cuenta de que esta mujer singular era mucho más que "la esposa de Remigio Coli": era la segunda estrella de un compacto sistema estelar.

Remigio y Giovanna entraron en el estudio donde yo trabajaba y se presentaron. Me dijeron que habían escuchado mi ciclo de programas sobre Franz Joseph Haydn y que les había gustado mucho. Añadieron que había llegado el momento de dar un tratamiento similar y digno al gran contemporáneo de Haydn, Luigi Boccherini.

Debo confesar que hasta ese momento, a pesar de mis estudios de musicología en la universidad, Boccherini era para mí poco más que el autor del 'malhadado' *Minueto* y de las Variaciones sobre la Ritirata Notturna de Madrid. Por lo tanto, pensé para mis adentros que se trataba de otro erudito provinciano venido a defender la causa del *genius loci* del momento. Esto no me impidió ser cortés y agradecer sentidamente a Remigio y Giovanna la copiosa cantidad de discos que nos habían traído de regalo. Se trataba, por supuesto, de grabaciones de la música de Boccherini, que ellos recomendaban incluir de forma regular en el programa de radio. Además, Remigio me dijo que si yo estaba contento con lo que oía mientras escuchaba los discos, tal vez podría proponer al director de la emisora que acogiera un ciclo completo de emisiones suyas.

Resumiendo. Al escuchar el final del *Cuarteto* en Do menor Op. 2 nº 1 de Boccherini, me di cuenta inmediatamente de que estábamos ante un gran músico: por eso llamé a Remigio unos días más tarde y le dije que sin duda defendería su causa ante el director de la radio. El ciclo de emisiones llegó a buen puerto, y fue un éxito; pero sobre todo fue el comienzo de una intensa, aunque nunca reposada, amistad.

Remigio me invitó a su casa de Lucca –ciudad que hoy es para mí una segunda patria, pero que en aquella época sólo había visitado una vez como turista– para ponerme al corriente de las novedades que se acumulaban en torno a la figura de Boccherini, en particular la edición de las obras que el benemérito Aldo Pais estaba produciendo a un ritmo frenético. Este fue el primero de una larga serie de encuentros mensuales que se celebraban en la casa de Remigio en Lucca, excepto en los meses más cálidos, cuando las reuniones tenían lugar en su casa de campo de Pontemazzori, cerca de Camaiore.

Las reuniones eran así: Remigio me entregaba el último producto del taller de Pais, a menudo aún en manuscrito, y me decía: - No sé leer música, dime qué te parece esta pieza.

De hecho, no era del todo sincero, porque aunque no tenía formación musical, Remigo era perfectamente capaz de seguir un disco con la partitura a la vista y seguir perfectamente en la pieza que estaba escuchando. Yo, por mi parte, habiéndome formado musicalmente como clarinetista, ciertamente no era capaz de abordar una lectura de la partitura en el teclado con la precisión y minuciosidad necesarias: sin embargo, habiendo tenido siempre una buena capacidad para "apreciar" las líneas melódicas leyendo las notas, y para percibir el contexto armónico con cierta claridad, era capaz, tarareando y silbando, de hacerme una idea bastante clara de las piezas que estábamos leyendo. Además, mi aptitud para el análisis formal, un arte para el que siempre he tenido una intuición bastante rápida, me hizo darme cuenta enseguida de la impresionante variedad de soluciones adoptadas por Boccherini, frente a las cuales las herramientas "escolásticas" vinculadas a la teoría de la forma sonata se revelaban totalmente inadecuadas. Le transmití estas impresiones a Remigio, que se sintió gratificado al ver confirmado lo que, con la perspicacia que le era propia, ya había adivinado perfectamente. De este modo, se abrió de par en par para mí el mundo de la música de Boccherini, que en poco tiempo se me hizo familiar como probablemente ninguna otra.

Así pues, toda la década de 1990 estuvo marcada para mí por la relación con Remigio y Giovanna. Muchas cosas sucedieron en esa década, y muchos episodios de la historia de Italia están ligados en mi memoria a momentos pasados con Giovanna, Remigio y su hija Elisabetta.

Fueron años intensos en Italia: estábamos en plena temporada de "mani pulite" (manos limpias), durante la cual el poder judicial destapaba gran parte de las fechorías que acechaban en el mundo político. Remigio y yo no sólo hablábamos de música, sino que a menudo discutíamos, incluso acaloradamente, sobre los acontecimientos políticos: él era 'garantista' y recelaba del protagonismo de los jueces; yo era 'justicialista' y estaba convencido, un tanto ingenuamente, de que se abría una nueva era.

Sin embargo, entre los muchos episodios de la historia de Italia que vivimos juntos, quiero recordar uno en particular, que por una vez nos vio unidos en la indignación y la emoción. El 23 de mayo de 1992, un sábado, mientras Remigio, Giovanna y yo cenábamos en una *trattoria* del interior de Versilia, la señora que nos servía en la mesa nos comunicó la noticia del feroz atentado en el que había perdido la vida el gran juez antimafia Giovanni Falcone, junto con su mujer y sus agentes de escolta. El atentado había tenido lugar por la tarde, pero nosotros, en el aislamiento del campo e inmersos en la música de Boccherini, no nos habíamos enterado.

De aquellas reuniones domésticas salieron muchas cosas: reflexiones, notas, incluso un viaje a Viena, con el que Remigio y yo esperábamos encontrar nuevos documentos sobre las estancias de Boccherini en la capital de los Habsburgo. De todos ellos, sin embargo, el fruto más importante de aquellas reuniones fue el artículo sobre el catálogo "autógrafo" (hoy sabemos que, en relación con la publicación de Boccherini y Calonje, las comillas son obligatorias), que escribimos juntos y que se publicó en 1997 en la *Rivista Italiana di Musicologia*. Aquel artículo, lo digo sin temor a equivocarme, cambió el curso de los estudios sobre Boccherini, abriendo el camino a la revisión de la cronología de las obras del compositor italo-español, cronología que todavía está siendo reconsiderada. Con la misma decisión, sin embargo, deseo destacar que, en ese artículo, sólo puse el rigor de la formulación que había aprendido en el curso de mis estudios: la intuición que subyace en él, y que constituye la verdadera aportación original del ensayo, es toda de Remigio, y sólo a él debe atribuírsele el mérito. Una intuición que, retrospectivamente, parece la cosa más obvia del mundo: comparar los números de opus de la carta de Boccherini a Artaria con los del catálogo de Boccherini y Calonje. Como todas las intuiciones geniales, ésta también es, de hecho, sólo obvia a posteriori: a priori, para tenerla hay que poseer una marcha más, y Remigio la poseía.

Recuerdo sobre todo dos características de Remigio: su auténtica pasión y su inteligencia fuera de lo común, que le permitía expresarse con un lenguaje que, bajo el velo de un marcado acento luqués, nunca se daba por descontado y a menudo resultaba extremadamente creativo.

Así, un paseo con él por las calles de Lucca podía llenar incluso aquellas tristísimas tardes de domingo, marcadas por la vacuidad y el paseo mundano, en las que –como dijo una vez Remigio, con una expresión que nunca olvidaré– soplaban "folate di nulla" (ráfagas de nada)…, esa 'nada' contra la que la mente de Remigio luchó toda su vida, y sigue luchando hasta hoy con el arma del pensamiento que nos legó.

———

EVOCACIÓN III

LA TRILOGÍA BIOGRÁFICA BOCCHERINIANA DE REMIGIO COLI

JAIME TORTELLA

Al adentrarme en el estudio sobre el compositor de Lucca, al inicio de la década de 1990, era inevitable conocer los trabajos de Remigio Coli, que venía trabajando con el mismo fin, desde antes que yo. Su nombre aparecía en todas las secciones bibliográficas, sobre todo, por un libro escuetamente titulado *Luigi Boccherini*,[1] editado en Lucca, patria tanto del músico como del propio Coli, con una presentación del musicólogo y compositor Emilio Maggini.

Así que encontrar ese libro se convirtió en una obsesión, como también lo era hacerme con un ejemplar del *Catálogo* del profesor Gérard.

Durante meses, busqué ambas obras en 'todas' las librerías de Barcelona sin éxito, hasta que la empresa en la que trabajaba, IBM, me envió a Inglaterra de febrero a febrero de 1992 a 1993, con lo que no pude seguir buscando.[2]

Al volver a Barcelona, reanudé la 'caza' del libro del doctor Coli, pero no así la del *Catálogo* del profesor Gérard, ya que él mismo me advirtió que tendría que acudir a alguna biblioteca para consultarlo, por estar agotado. En cambio, pronto acepté que aquella idea de que había escudriñado 'todas' las librerías de Barcelona, era falsa y que todavía había esperanza…

Fue entonces, a principios del verano de 1993, es decir, cuatro meses después del regreso de Inglaterra, cuando 'descubrí' que había una pequeña librería italiana (que creo que ya no existe) en la que me prometieron que encontrarían el anhelado libro del doctor Coli. Y, efectivamente, el 29 de junio, por fin tenía en mis manos la preciada biografía. Se trata de un libro de 172 páginas, en formato 15'5 x 21 cm, que conservo como 'oro en paño'.[3]

---

[1] Con el tiempo y la amistad entablada con el doctor Coli, comprendí que el gusto por lo 'escueto' era un trazo muy característico suyo.

[2] De camino hacia Inglaterra, me detuve en París para conocer al profesor Gérard que, muy amablemente, me disuadió de buscar su *Catálogo*, fechado en 1969, y, con menos énfasis, de encontrar la biografía sobre Boccherini, de Remigio Coli, fechada en 1988. Por tanto, aplacé mis pesquisas hasta el regreso de aquel año de ausencia.

[3] COLI, R.: *Luigi Boccherini*, Maria Pacini Fazzi Editore in Lucca, 1988.

La ilustración de la cubierta es un detalle del cuadro de Goya, *La familia del infante don Luis de Borbón*, de la Fundación Magnani-Rocca, de Parma.

Por fin entablaba un primer contacto con Remigio Coli, aunque fuera remoto. Dado que no hay en el libro ninguna fotografía del doctor, empecé a imaginarme su fisonomía, su forma de vestir, su porte… Nada más lejos de la realidad. Coli resultaba que era mucho más simpático, mucho más cercano, y mucho más sencillamente amable que la imagen que yo había gestado mentalmente, pero para esa comprobación, faltaban todavía doce años.

Leí el trabajo biográfico recién adquirido, donde encontré abundante información que no conocía en aquel entonces, comprobando, como algo lógico, que Coli conocía mucho mejor la etapa italiana e italo-vienesa (1743-1767/8), con una densidad documental claramente superior a la etapa española (1768-1805). Ese fue, para mi, un primer indicio de cómo debía yo orientar mis propias investigaciones, aunque aún estaba en las fase inicial (la de 'acumulación de capital'). Mentalmente, le agradecí a Coli esa manera de marcarme el camino.

Pero, a la vez, supe que, un año antes de conseguir este libro, Coli había publicado ya una segunda versión, fechada en 1992, esta vez con la muy conocida editorial milanesa Zanibon, con una presentación de Guido Salvetti, otro de los intelectuales que tendría el placer de conocer y colaborar con él en el seno de la entidad Centro Studi Luigi Boccherini di Lucca, que habría de crearse en 2005.

Por consiguiente, nada más calmada el ansia por disponer del libro de Coli, se me había generado una nueva, respecto a su segunda versión. En este caso, habría de esperar muchos años para calmarla, cuando ya había trabado una entrañable amistad con Remigio y, también, con su esposa, Giovanna Tonelli, profesora de literatura de un especial encanto y afabilidad.

Hacia Cremona y Lucca

Pasaron los años, siempre implicado en la investigación boccheriniana, hasta que, en el marco de mis estudios universitarios de Historia, presenté un trabajo conocido como 'de 9 créditos' (antigua tesina), sobre las finanzas de Boccherini cerca del Banco de San Carlos, trabajo que adapté para su publicación en forma de libro, en 1998.[4] Un año después, leí mi tesis doctoral, que pasaría a formato de libro el año 2002.[5] Se trataba de una biografía del compositor de Lucca que, complementariamente a la(s) de Coli, enfatizaba la fase hispana de la vida del músico, desde 1768 hasta su muerte. En cierto modo, me situaba en el papel de tándem con Coli, ya que cada uno aportábamos un panorama biográfico más completo de cada uno de nuestros países.

A estas alturas, ya disponía de un ejemplar del *Catálogo* del profesor Gérard, que él mismo me había regalado con ocasión de la lectura de mi tesis, de cuyo tribunal formó parte. Pero seguía teniendo la 'espina clavada' de no haber conseguido la segunda versión de la biografía de Coli. Por fortuna, la cercanía del 2° Centenario de la muerte de Boccherini, el año 2005, con la abundancia de actos, conciertos y publicaciones que se preveían, mantenía aquella 'espina' en un segundo plano, aunque no olvidada.

Llegado el año del Centenario, la vida de los boccherinistas (los de verdad y los de oportunidad), se vio envuelta en un torbellino de reuniones, co-

---

[4] *Luigi Boccherini y el Banco de San Carlos.*
[5] *Luigi Boccherini, un músico italiano en la España ilustrada.*

rrespondencia, idas y venidas, simposios, publicaciones, conferencias, conciertos, congresos…, tanto en España como en Italia.

En mayo de 2005, nos habían invitado a Germán Labrador y a mi a un congreso en Cremona, bajo el lema "Luigi Boccherini nel bicentenario della morte: Nuove prospettive di ricerca". Acudimos mi mujer, Montse, y yo, deseando conocer en persona a los colegas italianos del boccherinismo.

El encuentro, además de las sesiones académicas, nos permitió entablar relaciones muy cordiales, provechosas y duraderas con Gabriella Biagi Ravenni y Marco Mangani, y no tan duraderas, con Barbara Nestola y Pietro Zappalà, así como con el norteamericano Timothy Paul Noonan, pero tuvimos que echar de menos a Remigio Coli, que había renunciado a asistir por motivos personales, según nos dijeron.

Por tanto, al terminar el congreso, el día 8 al mediodía, Montse y yo nos desplazamos a Lucca, previa cita con Coli en un lugar céntrico de la ciudad, muy próximo a la casa en la que había nacido Boccherini, Via Fillungo esquina con Via Buia.

De inmediato se desvaneció la imagen que me había forjado del doctor Coli. Su encantadora sencillez, su afabilidad y afectiva acogida, su aspecto distendido y su sonrisa socarrona estaban a años luz de lo que yo había conjeturado: un hombre enhiesto y distante, con aire aristocrático y conversación engolada. ¡¡Qué alegría!! Con Remigio, desde el primer momento, me sentí como con un amigo de infancia.

Aquella tarde hablamos de todo, nos entendimos de maravilla, nos reímos del mundo e iniciamos una amistad en pos de Boccherini, pero también de otros aspectos de la música y de la cultura. Teníamos por delante años de colaboración y, a través del Centro Studi, también de trabajo en equipo.

Volvimos a ver en Lucca en el mes de octubre siguiente, con motivo de un concierto en el que se iban a interpretar algunos de los quintetos con flauta, de la Op. 19. Fue entonces cuando Montse y yo subimos a su casa, invitados a comer, y me encontré a los postres con que Remigio me regalaba un ejemplar de la 3ª versión de su biografía boccheriniana, en edición de lujo y una cubierta con el retrato del compositor atribuido a, Jean-Etienne Liotard, quizá por iniciativa del mecenas parisino barón Charles Ernest de Bagge, hacia 1768.[6]

---

[6] La imagen del cuadro se ha difundido ampliamente gracias a los desvelos de su propietario, el doctor Gerhard Christmann, de Budenheim, Alemania, que lo adquirió en una subasta creyendo que era un retrato de W. A. Mozart, para acabar descubriendo que el modelo era Luigi Boccherini.

3ª Versión

Remigio tuvo la amabilidad de dedicarme el libro así:

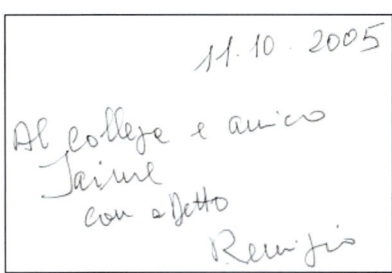

Esta 3ª versión de la biografía del músico es mucho más amplia que las dos anteriores, está editada con innumerables ilustraciones (en blanco y negro

y en color),[7] impresa en papel de alto gramaje y, sobre todo, incorpora novedades documentales y se nutre, para el periodo hispano del compositor, de
muchos de los trabajos desarrollados por investigadores españoles.

Pocas semanas después, en noviembre, volvimos a compartir ponencias
en el Convegno di Studi "Luigi Boccherini, nel bicentenario della scomparsa",
en la villa italiana de Fermo, convocado por el Conservatorio Statale "G. B.
Pergolesi". Remigio habló sobre "I figli dello Stabat Mater" y José Antonio
Boccherini sobre "Luigi Boccherini, el hombre".

**De izq. A dcha.: Remigio Coli, Bruno Dozza, Giovanna Tonelli,
Jaime Tortella, Claudio Marcotulli y José Antonio Boccherini
En crónica de Fabio Castori, *Corriere Adriatico*, 23-Nov-2005, p. IV**

A pesar del frío gélido, nuestro amable anfitrión, Claudio Marcotulli,
consiguió que fueran dos días deliciosos, en un lugar bellísimo y, como gui-
tarrista, Claudio organizó un concierto en el que se interpretó la *Sinfonía* en
Do mayor, con guitarra, G. 523.[8]

En los años que siguieron, mis viajes a Lucca para asistir a actos y reuniones del Centro Studi, fueron bastante frecuentes (dos o tres cada año), y en
todos ellos se fue afianzando la amistad con Remigio. Además de las activi-

---

[7] COLI, R.: *Luigi Boccherini. La vita e le opere*, Maria Pacini Fazzi Editore, Lucca.
[8] Para mí fue importante, ya que fue la primera vez que la escuchaba en vivo. De este
congreso se publicaron las actas en un libro fechado en Fermo, el año 2006.

dades asociativas, íbamos los dos matrimonios a restaurantes, a pasear y comprar discos o libros, a visitar la ciudad…, manteniendo vivas conversaciones, no sólo sobre temas musicales, sino también políticos y culturales.

Así fue como planeamos escribir un artículo juntos para la revista digital del Centro Studi, *Boccherini online*,[9] sobre los varios 'fandangos' del compositor, insertos en diversas obras, más allá del famoso segundo movimiento del *Quinteto de cuerda con dos violonchelos* en Re mayor, Op. 40, nº 2, G. 341, de 1788, que traspondría diez años después, como tercer movimiento del *Quinteto de cuerda con guitarra*, en igual tonalidad, G. 448, sin número de opus.

Este artículo fue una de tantas actividades boccherinianas que comprartimos Remigio y yo, a pesar de residir en ciudades distintas (creo recordar que nunca hablamos por teléfono entre Lucca y Barcelona, ni nos enviamos carta alguna por correo postal, sólo por correo electrónico).

Libros y amistad

Cuando Montse y yo íbamos a Lucca y nos instalábamos, como de costumbre, en el 'Albergo La Romea', bastaba una llamada telefónica para que Remigio, ya jubilado, se presentara a la puerta y empezáramos a departir sobre 'mil cosas'. Era, sin duda, un incentivo más del viaje, siempre atractivo, ya que Lucca es una ciudad encantadora, llena de bellísima arquitectura y de calles y rincones acogedores y mágicos.

Fueron años en los que los lazos de amistad con el grupo italiano de boccherinistas toscanos se fueron estrechando, mientras se ensanchaba la colaboración: reuniones, actividades, intercambios, publicaciones…

A los españoles más asiduos, José Antonio Boccherini, Germán Labrador, Montse Escorsa y yo, y a los que fueron menos a menudo, como Josep Bassal o Josetxu Obregón, se unía siempre el profesor francés Yves Gérard, hasta su fallecimiento, al inicio de la pandemia de la COVID-19. Una trágica pérdida que interrumpiría bruscamente aquellas visitas a Lucca de las que tanto habíamos disfrutado con los amigos italianos, Gabriella Biagi Ravenni, Marco Mangani, Giulio Battelli y el resto de los miembros del Consiglio Direttivo del Centro Studi, así como, por supuesto, Remigio Coli, que formó parte de dicho Consiglio durante unos años, como secretario.

Pero, llegó un momento en que nuestras visitas desbordaban el marco de los estudios sobre Boccherini y pasábamos a compartir otros aspectos de la vida cotidiana. En ese sentido, los Coli nos invitaron una vez a Montse y a mí

---

[9] COLI, R. e TORTELLA, J.: "I fandanghi di Boccherini".

a su "casa en el campo", a unos cuantos kilómetros de la ciudad, ocasión que nos llevó a pasear por una playa cercana:

Pero lo más habitual era compartir mesa en algún restaurante, cafetería o *trattoria*, tan abundantes en la encintada ciudad de Lucca.

Y también fuera del ámbito boccheriniano, Remigio había empezado a reencontrarse con otra de sus aficiones culturales: el estudio del amor cortés.

En una de las visitas a Lucca, poco después de las conmemoraciones del 2º Centenario de la muerte de Boccherini, Remigio me volvió a obsequiar con un libro que podría encuadrarse en el género de la novela histórica, con un protagonista francés, llamado Perdigon, residente en los territorios del sur, en los tiempos finales del medioevo que franquearían el paso al Renacimiento.[10]

---

[10] COLI, R.: *Perdigon*, Maria Pacini Fazzi Editore, Lucca, 2005.

Pero, en 2003, antes de conocer a Remigio personalmente, ya habíamos intercambiado, por vía postal, un libro en ambos sentidos. Yo le envié mi biografía de Boccherini y el me hizo llegar un trabajo suyo dedicado a la los 'nobles' y los 'innobles' de la ciudad de Lucca, durante el *Settecento*,[11] una aguda mirada antropológica y costumbrista sobre una sociedad compleja.

Unos pocos años después, en 2009, volví a recibir, por correo postal, otra edición de Remigio, en este caso, compartiendo autoría con su esposa Giovanna. Se trata de un libro dedicado a esos personajes, entre cortesanos y pícaros, que pululaban a finales del Antiguo Régimen, equivalentes italiano de nuestros 'chichisbeos',[12] es decir, petimetres acompañantes de damas casadas, con relaciones entre descaradas y ocultas, a partes iguales:

---

[11] COLI, R.: *Nobili e ignobili nel settecento lucchese*, Matteoni Stampatore, Lucca, 1999.
[12] COLI, R. e TONELLI, G.: *Dame e Cicisbei a Lucca nel tardo settecento*, Maria Pacini Fazzi Editore, Lucca, 2008.

En definitiva, Remigio y yo habíamos intercambiado libros, además de largas y variopintas conversaciones, siempre cargadas de buen humor y cordialidad, y mi biblioteca se había enriquecido con la sabia y aguda capacidad literaria e historiográfica del *Dottore*.

No obstante, avanzada la década de 2010 a 2020, todavía tenía clavada la espina de no disponer de la 2ª versión de la biografía de Coli sobre Boccherini. Él trataba de disuadirme de buscarla, diciéndome que estaba agotada y, muy modestamente, que no valía la pena. Pero yo estaba decidido a poner remedio a esa carencia, aunque sin saber muy bien cómo.

Pero…, en noviembre de 2018, en una velada musical boccheriniana en Madrid, mi amiga, hasta entonces sólo 'telemática', Marina Cianferoni, me anunció que iba a asistir y, por tanto, nos íbamos a conocer cara a cara.

Ella me había escrito años antes, por correo electrónico, sobre una suerte de novela histórica que preparaba, en la que un Boccherini 'actual', tenía vivencias setecentistas, en un juego trans-temporal con tintes pirandelianos. Su deseo era que yo le garantizara la verosimilitud de aquellas escenas 'actuales' en las que Boccherini se veía inmerso, sin que resultaran incompatibles con la vida real del compositor. Tuvimos así un amplio intercambio de notas, comentarios y consultas, trabando una entrañable y 'remota' amistad.

Así que Marina y yo nos encontramos durante aquella velada del 10 de noviembre de 2018 y yo debí suscitar la cuestión de que no encontraba la 2ª versión de la biografía de Coli, pero ni por asomo pensaba en ese momento que Marina me iba a solucionar la papeleta, como así fue. [13]

En uno de sus frecuentes viajes a Italia, Marina encontró el libro y me lo envió. Lo recibí el 3 de diciembre de 2018. Le vuelvo a agradecer, desde aquí, que me liberara de aquella amarga 'espina'.

2ª versión

El retrato de Liotard que aparece *in copertina* es el mismo de la 3ª y definitiva versión, de 2005. Como de costumbre, Remigio se limitaba a titular esta 2ª versión con la sencillez que le caracterizaba: *Luigi Boccherini*, sin más.

Se cerraba para mí el círculo biográfico de Remigio Coli sobre Boccherini y, bajo el prisma de mi inclinación al coleccionismo, se restañaba una incómoda herida capaz de infectarse en cualquier momento.

Si ya había mil razones para no olvidar jamás al *amico* Remigio, la presencia en mi biblioteca de todos estos libros es una más. Su obra, de un valor incalculable para quien pretenda conocer al compositor luqués, sigue siendo objeto de frecuentes consultas, y sus contenidos, un tesoro con el cual poder cultivar la nostalgia del entrañable compañero desaparecido.

—■—

---

[13] COLI, R.: *Luigi Boccherini*, G. Zanibon, Milano, 1992. La paginación del libro alcanza la cifra de 245. La presentación, esta vez, es de Guido Salvetti.

EXPEDIENTE MARIMONIAL

BOCCHERINI-PORRETI

1787

(Estudio)

EL EXPEDIENTE MATRIMONIAL
ENTRE LUIGI BOCCHERINI Y
Mª DEL PILAR JOAQUINA PORRETI (11-04-1787)[1]

José Antonio Rufete

Preámbulo

A lo largo de los últimos 30 o 35 años, se han descubierto y publicado numerosos documentos, de carácter tanto histórico, como musical o biográfico, que habían quedado ocultos al escrutinio de biógrafos y cronistas que se habían ocupado del violonchelista y compositor italiano Luigi Boccherini y su entorno. No todos esos documentos, pero sí la mayoría, formaban parte de las colecciones archivísticas de la ciudad de Madrid y provincia (Boadilla del Monte, El Pardo, Aranjuez, Ontígola…), así como de la zona abulense a la que pertenece la villa de Arenas de San Pedro, donde el músico residió entre 1777 y 1785.

Se trata de una cantidad ingente de registros parroquiales (bautismos, matrimonios, defunciones…), que permitieron trazar un perfil muchos más nítido de la vida privada del músico y de su familia, pero también se desvelaron abundantes registros notariales (testamentos, poderes para testar y declaraciones de pobre, cartas de dote, inventarios de bienes, poderes de índole comercial…), así como una amplia colección de documentos vinculados a operaciones bancarias (en especial, en el Archivo Histórico del Banco de España, recopilados del antiguo Banco de San Carlos), y un extenso etcétera.

No obstante, siempre hay novedades. Este es el caso de un documento inédito que analizamos en estas páginas: el expediente matrimonial, tramitado por un Boccherini, ya viudo, durante el mes de abril de 1787, para contraer matrimonio con la que sería su segunda esposa, Maria del Pilar Joaquina Porreti, documento, que va a permitir, conocer, corregir y ahondar aún más, en el contexto vital e historiográfico del compositor y violonchelista.

---

[1] Este expediente matrimonial (que reproducimos completo en facsímil en las páginas 25-43 de este mismo volumen, salvo las tres páginas en blanco del mismo), se encuentra custodiado en el AHDM, bajo la signatura 4897/27.

Los expedientes matrimoniales como fuente de investigación histórica

Desde el año 1563, con la celebración del conocido como Concilio de Trento,[2] se estableció que las parroquias quedarían encargadas de recoger, en libros sacramentales, informaciones sobre sus feligreses, teniendo en cuenta especialmente, los datos relacionados con los sacramentos del bautismo y del matrimonio, así como los referentes a las defunciones.

Estas mismas disposiciones conciliares implantaron, además, la apertura de expedientes matrimoniales, previos a la celebración de los enlaces, permitiendo, en primera instancia, obtener la preceptiva y posterior licencia de casamiento, y, en segundo lugar, acceder a la prueba, fehaciente y documental, de que no existía, en el momento de su formalización, ningún impedimento entre ambos futuros cónyuges, ya fuera de carácter legal, consanguíneo, de afinidad, o de cualquier otra índole.

Entre la variada documentación eclesiástica que se custodia en los archivos diocesanos españoles, existe una serie de carácter civil, catalogada como *expedientes matrimoniales*.

Generalmente, y salvo excepciones, los expedientes matrimoniales contenían los siguientes datos y documentación:[3]

- Copias legalizadas de las partidas bautismales de los pretendientes.[4]
- Declaraciones de ambos futuros desposados, en las que manifestaban su estado civil *in actu* (en el acto), expresando que acudían al matrimonio libremente y declarando su lugar y fecha de nacimiento, nombres de los padres y si vivían o habían fallecido. En la mayoría de las ocasiones, se hacía referencia al oficio, profesión u ocupación, completándose estas declaraciones, con la negativa de haber realizado voto de religión o castidad, así como de tener cualquier otro impedimento.
  - Declaraciones de los testigos, ya fueran convocados o rogados, donde los mismos corroboraban los extremos anteriores, así como el estado de soltería

---

[2] El Concilio de Trento, convocado por el papa Paulo III, reunió, entre 1545 y 1563, a los principales cargos de la jerarquía para tratar temas eclesiásticos y supuso una mayor cohesión de la doctrina católica y la ruptura definitiva con el protestantismo.

[3] Ver el caso concreto del expediente matrimonial Boccherini-Porreti. Se trata de 22 páginas, escritas con diversas caligrafías, en general muy claras, de las cuales, como se ha dicho, tres están en blanco.

[4] Para el caso concreto de la Villa y Corte de Madrid, el requisito de la partida de bautismo, no era preceptivo, si se trataba del segundo enlace de uno de los cónyuges, como era el caso de Luigi Boccherini, viudo de Clementina Pellicia.

o viudez de los futuros contrayentes, hasta el momento del matrimonio, y manifestaban conocerles, así como a sus padres y abuelos, estuvieran vivos, o tuvieran la constancia o certeza de su fallecimiento, así como de cualquier otro pariente afín, si fuera necesario.

- Consentimiento paterno o materno, en el caso de que este fuera preceptivo, o así lo estableciera la vicaría eclesiástica que tenía a su cargo la realización del expediente.

- Escritos mencionando las tres amonestaciones preceptivas, previas a conceder al párroco correspondiente la licencia para oficiar la ceremonia matrimonial.

Tras la apertura e incoación del documento, el provisor, si lo consideraba necesario, mandaba abrir una ulterior investigación, en la que se citaba a nuevos testigos para que ampliaran o corroboraran la información o, en el caso de que siguieran existiendo dudas en el tribunal respecto a la situación de los contrayentes, para poner en claro los datos.

Después, si no existía impedimento alguno, se procedía a las amonestaciones o proclamas de ambos cónyuges, que se realizaban en las iglesias de donde los cónyuges eran parroquianos. El periodo asignado para dichas amonestaciones era de tres domingos o fiestas de guardar, según estableció el Concilio de Trento.[5]

Para finalizar, el mismo provisor, vistos todos los autos e informaciones referentes a su confesión religiosa, a su capacidad para contraer matrimonio, etc., que aportaban los contrayentes y que la consiguiente investigación corroboraba, así como la certificación de las amonestaciones, otorgaba licencia al párroco de la iglesia en la que habría de celebrarse el matrimonio, para oficiar la ceremonia.

La situación de Luigi Boccherini hasta 1787

Boccherini había abandonado la ciudad de París en la primavera del año 1768, desplazándose a España, en cuya capital acabaría fijando su residencia. En 1770, entró al servicio del infante don Luís de Borbón, servicio que se prolongaría hasta el fallecimiento de éste en agosto de 1785. En esos quince años fue su compositor de cámara y 'violón', logrando beneficiarse, de este

---

[5] Adelantemos que, en este expediente en concreto para el matrimonio Boccherini-Porreti, el contrayente presentará un escrito solicitando abreviar el proceso de las amonestaciones por tener la obligación de acudir a la villa de Aranjuez, alegando que, de lo contrario, sufriría grave perjuicio.

modo, de la amplia gama de actividades culturales, intelectuales, así como de mecenazgo musical, que el Infante habría empezado a desarrollar, gracias, en parte, a administrar grandes sumas procedentes de 30 encomiendas de las cuatro órdenes religiosas, Montesa, Santiago, Calatrava y Alcántara. Fruto de todo ello, el músico de Lucca recibió, en tanto que violonchelista y compositor de la corte del Infante, un abultado sueldo durante más de quince años.[6]

Boccherini había contraído matrimonio en 1769, en la parroquia de la Santísima Trinidad del Real Sitio de San Ildefonso, con Clementina Pellicia,[7] una soprano romana, que había actuado, junto a su hermana Teresa, en la compañía de los Reales Sitios, dirigida por el boloñés Luigi Marescalchi, durante la gira por territorios de los Reinos Hispanos, por la Zona Centro (Madrid y Aranjuez) y por Levante (Valencia).

En esa época, la familia Boccherini-Pellicia vivía en Madrid, con frecuentes salidas y desplazamientos a los Reales Sitios o a la localidad de Boadilla del Monte, donde el infante don Luis poseía un amplio palacio. Este plan de vida duró hasta finales de 1776 o inicios de 1777, año en que habrían de trasladarse para seguir a la corte del Infante, forzado por motivos dinásticos a residir apartado de la capital. Tras varios intentos de establecerse en distintas poblaciones ajenas a la conurbación madrileña, don Luís y su corte recalaron en la localidad abulense de Arenas de San Pedro, villa que acabaría por convertirse en su residencia habitual, así como de su servidumbre, entre la que figuraba Luigi Boccherini.

Tras vivir la familia Boccherini en esa villa entre ocho y nueve años, el 2 de abril de 1785, fallecía en la misma, la esposa del compositor, Clementina Pellicia y, en agosto, fallecía también el Infante. Boccherini quedaba así entonces viudo, con seis hijos a su cargo y sin el apoyo de quien había sido su mecenas y protector desde 1770.

Por orden del rey, la que había sido la Corte y sirvientes de su hermano Luís, debían permanecer en Arenas hasta nueva orden. Finalmente, el permiso de desplazamiento llegó dos meses más tarde y Luigi se reintegró a Madrid, instalándose en la Villa y Corte, con sus seis hijos, durante el otoño de 1785.

---

[6] Véase TORTELLA, J.: *Luigi Boccherini. Diccionario de Términos, Lugares y Personas*, voz: **BORBÓN, Luis de (infante)**.

[7] *Ibid.*, voz: **PELLICCIA, Clementina**. (El apellido de Clementina aparece en los documentos con distintas ortografías: Pelliccia, Pelicha, Pellicia..., aunque la más común es esta última.)

Regreso a Madrid y nuevo matrimonio
Consideraciones iniciales sobre el domicilio de ambos contrayentes

Tras el largo paréntesis de Arenas de San Pedro y con el regreso de la familia Boccherini a la Corte, empezaría la *segunda etapa madrileña*, período que se prolongaría hasta el fallecimiento del compositor, en 1805. Durante esos años, los Boccherini residieron en diversos domicilios que, con mayor o menor precisión, se conocen documentalmente.[8]

No obstante, el expediente matrimonial que damos a conocer aquí, que arranca el 11 de abril de 1787, tal como muestra la cabecera

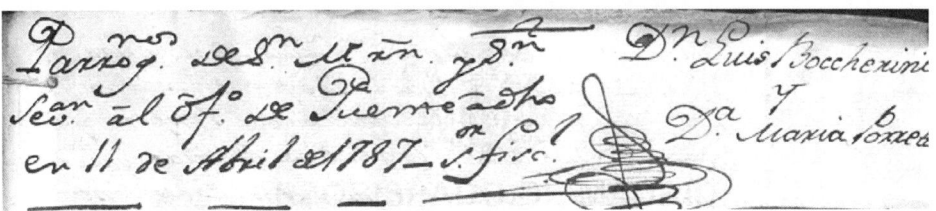

incluye declaraciones del propio Boccherini ante el notario eclesiástico, entre las cuales hay una que refiere que, tras fallecer su primera esposa en 1785, volvió a Madrid:

se vino á este, y feligresª de Sr. Martín vivi-endo en la calle alta de la Madera numero diez y ocho hace cinco meses, y antes lo res-tante lo fue de la de S. Ginés haviendo vivido en la calle de Coloreros numero veinte y dos.

Esa casa del número 22 de la calle de los Coloreros,[9] correspondía en el siglo XVIII a la manzana número 388, en el barrio de San Ginés, del cuartel de la Plaza. (Véase la Manzana 388 en la página siguiente, según la *Planimetría General de Madrid*).

---

[8] Ver BOCCHERINI, J. A. y TORTELLA, J.: "Las viviendas madrileñas de Luigi Boccherini. Una laguna biográfica", y TORTELLA, J.: "Dos puntualizaciones sobre las viviendas madrileñas de Luigi Boccherini", en este mismo volumen, pp. 77-96, *infra*.

[9] Dice la tradición que esta calle es llamada así porque allí estaban las tiendas donde se expendían las pastillas para teñir las medias de seda, véase PEÑASCO, H. y CAMBRONERO, C.: *Las calles de Madrid. Noticias, tradiciones y curiosidades*, p. 88.

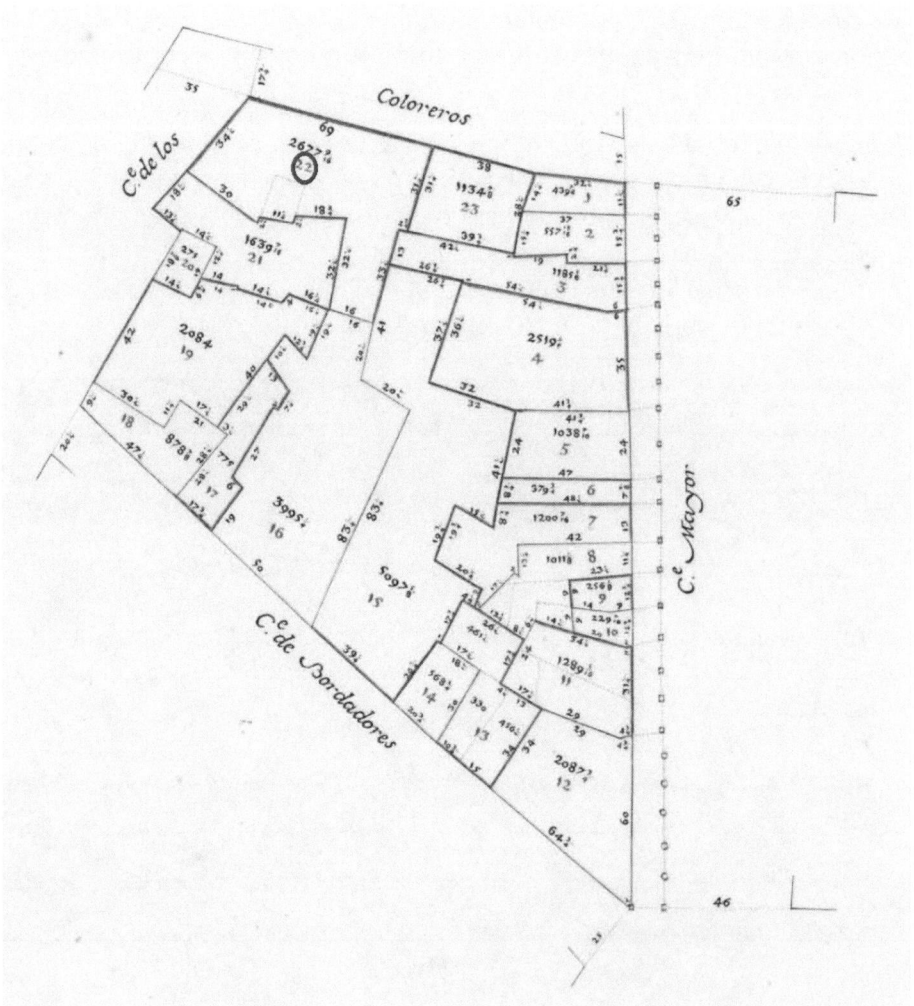

Localización del domicilio de Boccherini (marcado con un círculo), entre el segundo semestre de 1785 y finales de 1786: Manzana 388 [10]

En el libro de asientos de la *Planimetría*, se registra, que esa manzana empezaba a numerarse por la calle Mayor, en el sentido de las manillas del reloj, siguiendo por la calle de los Bordadores, y finalizando en calle de los Coloreros, que hace un quiebro a la derecha de casi 270 grados.

---

[10] Libro IV de la *Planimetría General de Madrid*: Manzanas 301-400, p. 414.

En la actualidad, a la casa que ocupó la familia Boccherini, en el número 22 de la calle de los Coloreros, le corresponden las señas en la Plazuela de San Ginés número 1, ya que, el espacio que, en el siglo XVIII, se consideraba parte de la calle de los Coloreros, con el brusco quiebro mencionado, hasta la calle de los Bordadores, forma una suerte de plazuela que queda a espaldas de la parroquia de San Ginés.

El inmueble formaba parte del patrimonio de *los Regulares de la Compañía de Jesús*, y había sido incautado a raíz de la expatriación de los religiosos de la orden en 1776, como consecuencia directa del llamado Motín de Esquilache, calificando a tales propiedades como *temporalidades*.[11] En este caso, había sido propiedad de los jesuitas de la provincia de Toledo y, como el resto de las *temporalidades*, podía ser revendida a un particular, o pasar a disposición estatal y, consiguientemente, a explotarse en alquiler, o ser derruida y, eventualmente, reconstruida. Este parece que fue el caso, del que existen los documentos correspondientes referidos al año 1777, según el proyecto del nuevo edificio realizado por el arquitecto Manuel Martín Rodríguez, firmado el 25 de agosto de aquel año.[12]

Comparando las dos imágenes de las dos páginas siguientes:

- una fotografía tomada el año 2000 del edificio actual, con dos portales que corresponden a los actuales números 1 y 2 de la Plazuela de San Ginés (con un portón a la izquierda de tipo establecimiento),

- y la segunda extraída del proyecto de año 1777, supervisado por el arquitecto Ventura Rodríguez, según la propuesta del arquitecto Manuel Martín Rodríguez,

se constata la similitud del diseño, aunque no la estricta correspondencia con lo que finalmente se construyó, ya que el número de ventanas y portales de la fachada principal no coincide en ambas imágenes (5 en el proyecto y 3 en el edificio actual):

---

[11] Según el Diccionario de la Lengua Española, ocupar las temporalidades, haría referencia a privar a un eclesiástico de los bienes temporales que poseía.

[12] Véase en el AAM, la Licencia al administrador de las *temporalidades* de los regulares de la Compañía de Toledo para reedificar en la calle de Coloreros número 22, manzana 388, iniciado el 26 de agosto de 1777, Signatura 1-48-31. Sobre los procesos de expropiación de los bienes de los jesuitas (*temporalidades*), nos remitimos a MARTÍNEZ TORNERO, C. A.: "Nuevos datos sobre las instituciones generadas tras la ocupación de las temporalidades jesuitas", pp. 284-287.

Fotografía del inmueble de la Plazuela de San Ginés, nº 1 y 2, año 2000

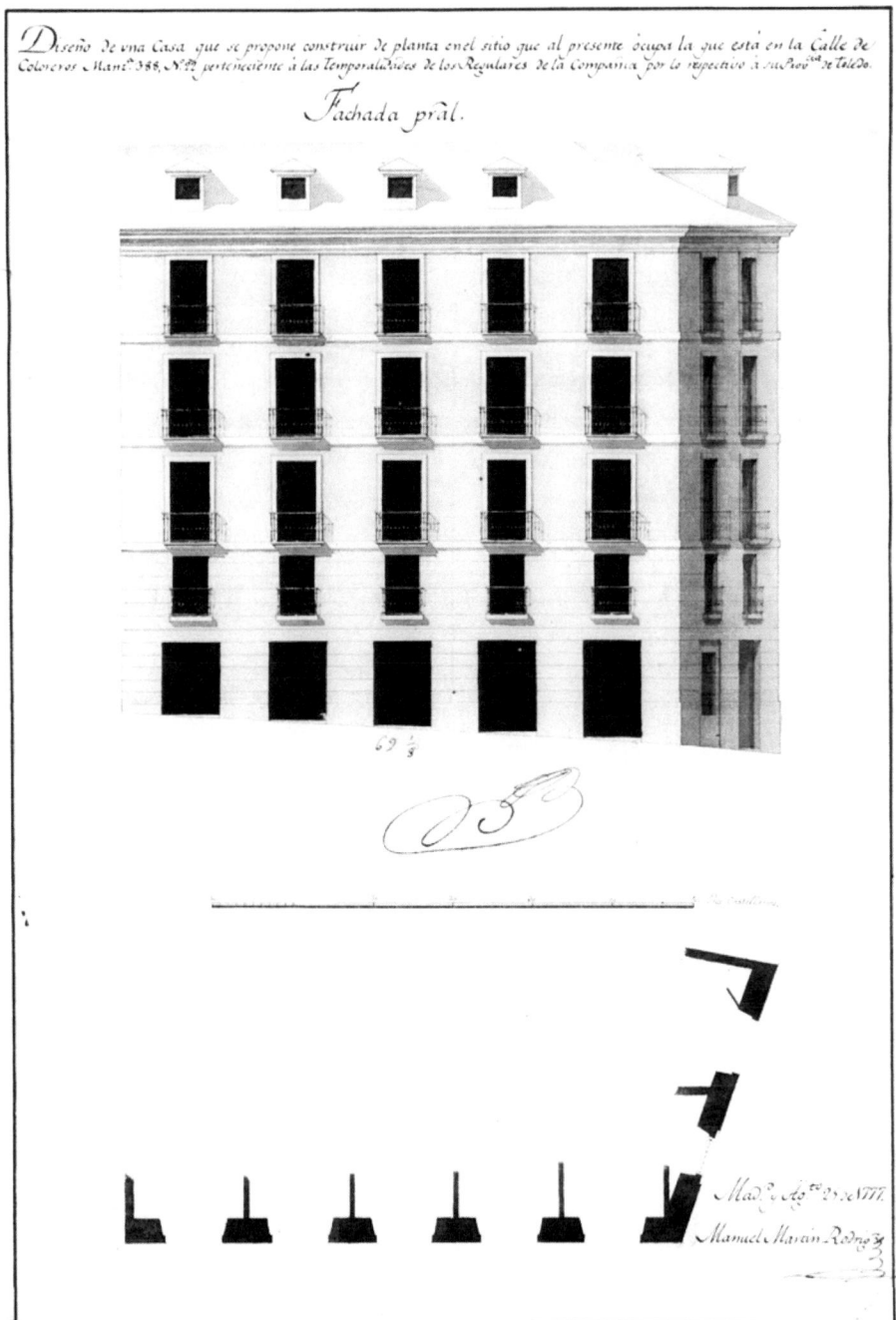

Proyecto de 1777

Si bien, la estancia de Boccherini en este domicilio, hasta finales del año 1786, no llegó al año y medio, fue un tiempo pródigo en acontecimientos que venían a sumarse a los trágicos fallecimientos de su primera esposa, Clementina Pellicia, y del infante (con la consiguiente pérdida momentánea de los sueldos que con él cobraba), y al forzado regreso a Madrid, viudo y con seis hijos menores de edad.

Durante esos 18 meses en que vivió en el número 22 de la calle Coloreros, Boccherini revendió al Banco de San Carlos las acciones que había adquirido, redactó y envió al rey un memorial solicitando la continuación del pago de la pensión que había percibido del infante don Luís de Borbón, y recibió una carta del entonces príncipe, futuro monarca, Federico Guillermo II de Prusia, en la que se le nombraba como su compositor de cámara, siendo además designado como director de la orquesta privada de los conde-duques de Benavente Osuna.[13]

En el terreno estrictamente musical, Boccherini había venido trabajando en Arenas de San Pedro en series de cuartetos y de quintetos de cuerda con dos violonchelos (Op. 24 a 33, según su propio catálogo, algunos de los cuales sólo hilvanados), en un juego de seis tríos de cuerda (Op. 34) y en un conjunto de seis sinfonías (Op. 35, de 1782, ya dedicadas al rey de Prusia). No obstante, en ese mismo catálogo, hay un vacío de fechas, entre 1782 y 1786, es decir, precisamente en los años finales de la estancia en Arenas, hasta el reasentamiento en Madrid, lo que da una idea del carácter agitado y convulso de ese periodo.

Así, ya en la Villa y Corte, además de retomar algunas composiciones (sobre todo de cámara), que habían quedado sin terminar, el expediente matrimonial demuestra que fue en ese domicilio de la calle de los Coloreros, número 22, donde Boccherini, compuso, a lo largo del segundo semestre de 1786, su única zarzuela, *Clementina,* en colaboración con el escritor Ramón de la Cruz, autor del libreto.

Por motivos que se desconocen, Luigi Boccherini abandonaría este domicilio a finales de 1786 (probablemente, en diciembre),[14] para trasladarse a otra vivienda sita en la calle de Madera Alta), convirtiéndose esta, en la re-

---

[13] Ver BOCCHERINI, J. A. y TORTELLA, J.: "Las viviendas madrileñas de Luigi Boccherini. Una laguna biográfica", p. 180.

[14] Véase la imagen de los dos fragmentos del expediente reproducidos en página 7, *supra*, donde dice, en abril de 1787, que se había mudado al número 18 de la calle de la Madera Alta "hace cinco meses".

sidencia que más tiempo ocupó en la capital, prologándose, al menos, hasta el 11 de julio del año 1802.[15] Podemos suponer que el traslado se debió a la previsión de contraer matrimonio y considerar que necesitaría más espacio para toda la familia.

Durante las fiestas navideñas del año 1786, se estrenaría la obra *Clementina*, pero no podemos asegurar si tal estreno fue antes o después del traslado al nuevo domicilio de la calle de la Madera Alta.

Residencia de soltera de Maria del Pilar Joaquina Porreti

En cuanto a la futura esposa del compositor, el 12 de abril de 1787, y según consta en su toma de declaración incluida en el expediente matrimonial, efectuada en su propio domicilio, a preguntas de don Manuel Ángel Carrancio, abogado de los Reales Consejos y fiscal de la Audiencia arzobispal, dijo:

> … *se llama D.ª Maria del Pilar Joaquina Porreti, que es natural de esta Corte, hija de D.ⁿ Domingo Porreti, y de D.ª Manuela Pradell ya difuntos: Que toda su vida ha sido y es Parroquiana de la de San Sevastián por vivir en la calle del Sordo numero dos donde se la recibe esta declaracion.* [16]

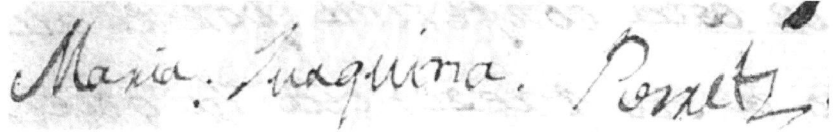

Rúbrica de Maria Joaquina Porreti en su declaración

El número 2 de la calle del Sordo estaba inscrito en la manzana 271 (hoy dividida en dos por la calle Jovellanos). Salvo Cedaceros, las otras tres calles que bordeaban esa manzana han cambiado de nombre: Sordo por Zorrilla, del Turco por Marqués de Cubas, y de la Greda por Los Madrazo.[17]

---

[15] BOCCHERINI, J. A. y TORTELLA, J.: "Las viviendas madrileñas de Luigi Boccherini. Una laguna biográfica", pp. 181-183.

[16] Fol. 3 del expediente (p. 25 de este volumen). El 10 de febrero de 1893, la calle del Sordo pasó a llamarse calle de Zorrilla, debiendo su anterior denominación al hecho de que, siendo todavía sólo un descampado, había allí instalado un ventorrillo cuyo propietario era sordo y daba cobijo numerosos malhechores, lucrándose con el dinero que recibía a cambio. Véase RÉPIDE, P.: *Las calles de Madrid*, p. 794.

[17] Para más detalles, véase *Ibid*, consultando por las nomenclaturas actuales.

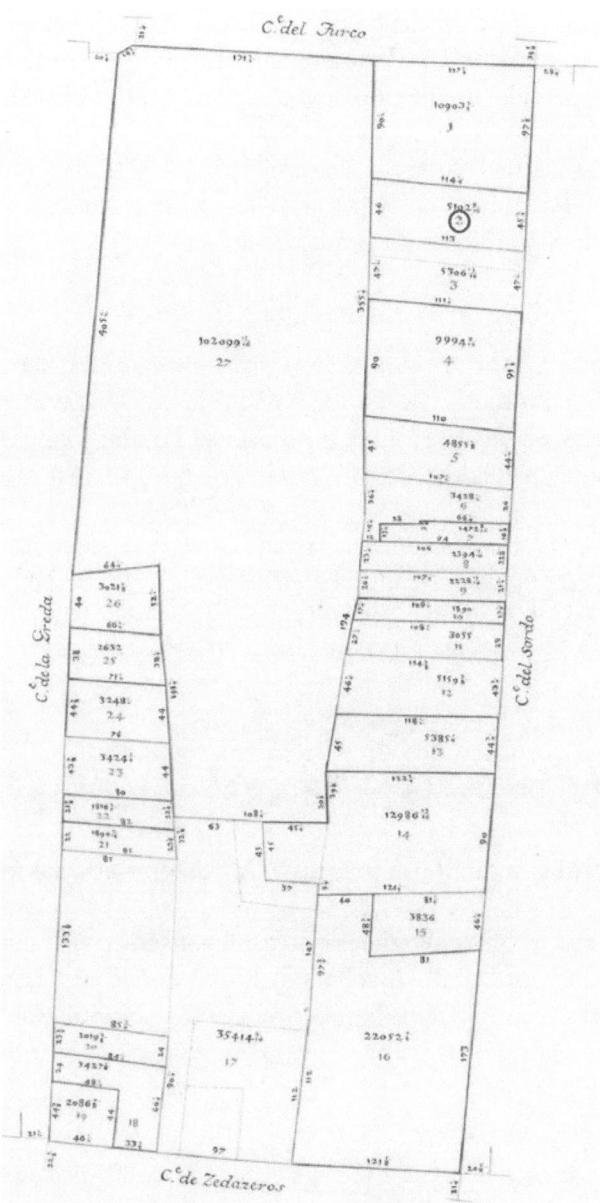

Domicilio de Maria del Pilar Joaquina Porreti (marcado con un círculo), en abril de 1787: Manzana 271[18]

---

[18] *Planimetría General de Madrid*, Libro III, Planos, Manzanas 201-300.

Por otro lado, la hermana de Joaquina, Teresa Porreti, había contraído matrimonio en 1775 con Rafael Monreal, violinista de la Real Capilla. Por tanto, Monreal y Boccherini acabarían siendo cuñados desde 1787, si bien ya debían mantener amistad y relación desde tiempo atrás, tal como queda documentado en diversas escrituras, como el primer testamento de Boccherini (1785), en el que Monreal figura como testigo, o en 1786, cuando ambos firmaron una escritura de poderes en la que se otorgan mutuamente amplia capacidad para actuar en nombre del otro.[19] Por tanto, es probable que esa amis-tad favoreciera que Boccherini conociera a su segunda mujer.

Cronología del expediente matrimonial, inicio

Con fecha 11 de abril de 1787, Luigi Boccherini, se presentaba personalmente ante don Cayetano de la Peña y Granda,[20] vicario eclesiástico de Madrid, manifestando ser parroquiano de San Martín,[21] por vivir en la calle de la Madera Alta, número 18, e individuo de la Real Capilla,[22] expresando además "tener tratado contraer matrimonio con Maria Joaquina Porreti".[23]

Acto seguido, manifestaba ser:

---

[19] Véase TORTELLA, J.: *Luigi Boccherini. Diccionario de Términos, Lugares y Personas*, voz: **MONREAL, Rafael**.

[20] Presbítero e inquisidor ordinario en la archidiócesis de Toledo, de la que llegó a ser vicario eclesiástico de Madrid. Véase LÓPEZ MARTÍN, I.: "El costumbrismo en la tonadilla escénica del siglo XVIII…", p. 312.

[21] La parroquia de San Martín, es una de las más antiguas (siglo XIV) e importantes de la capital madrileña, en un barrio muy poblado que acogió entre sus feligreses a numerosos personajes históricamente relevantes.

[22] La realidad es que Boccherini siempre se mantuvo "fuera de planta", es decir, no ocupó un puesto efectivo en la Real Capilla, aunque sí cobró una asignación económica hasta su muerte.

[23] Fue la más joven de las hijas del afamado violonchelista Domenico Porreti (h. 1704–1784), músico formado en Barcelona que pasó a la Real Capilla (Madrid) en 1734 y permaneció en ella hasta su muerte. Trabajó al servicio de los reyes Felipe V, Fernando VI y Carlos III. Casado con la hija de Giaccomo Facco, Antonia, tras quedarse viudo, contrajo segundas nupcias con Manuela Pradel, con quien tendría tres hijos Teresa, Domingo y Maria del Pilar Joaquina. Domenico Porreti, se convertiría en el suegro póstumo de Luigi Boccherini, al casarse este con su hija, Maria Pilar Joaquina. Véase PIDRE CARBALLA, E.: "La obra didáctica para violonchelo de Pablo Vidal. Una lectura crítica de los primeros tratados para la enseñanza del violonchelo en España en tiempos de Boccherini", pp. 14-16.

...nral. de la ciudad de Luca, Reyno de Toscana, hijo de D.ⁿ Leopoldo y D.ᵃ
Maria Santa Prosperi, ya difuntos y viudo de D.ᵃ Clementina Pellicia, que
murio en tres de Abril del año de mil setecientos ochenta cinco, en la vᵃ de
Arenas, la vio difunta y se la enterró en su Ygᵃ Parroquial: Que en aquel
pueblo permanecio viudo dos meses hasta que se vino a este, y feligres de San
Martin viviendo en la calle de la Madera numero diez y ocho hace cinco meses,
y antes lo restante lo fue de la de San Gines, haviendo vivido en la calle de
Coloreros numero veinte y dos. Que no se ha buelto à casar ni pᵃ ello ha dado
palabra à mas persona qᵉ a D.ᵃ Maria Joaquina Porreti, que se la dio hace cinco
meses y la quiere cumplir de su libre y Espontanea Voluntad: Que no tiene
echo voto de religion, castidad, parentesco ni otro impedimento qᵉ le obste
casarse...y espresò ser de hedad de cuarenta y quatro años...[24]

Así, tras describir lo ocurrido desde el fallecimiento de su primera esposa en 1785, en Arenas de San Pedro y su regreso a Madrid, haber permanecido viudo, viviendo primero en la calle de los Coloreros número 22, y,
desde hacía cinco meses, en la calle de la Madera Alta, número 18, su domicilio entonces, iniciaba el expediente matrimonial, para contraer nuevas
nupcias con Maria (Pilar) Joaquina Porreti.

Justificación de estado, testigos y documentación

Avanzando con el procedimiento, el 12 de abril de 1787, justo un día
después de haberlo incoado, y tras haber realizado ambos contrayentes las
declaraciones preceptivas, Boccherini volvía a presentarse ante el notario eclesiástico, esta vez, para recibir juramento y justificar su libertad para volver a
contraer matrimonio.

Para ello, el notario, recibiría en el mismo acto y día, a don Francisco del
Campo,[25] un viejo conocido del propio Boccherini con el que coincidió durante su estancia en la villa de Arenas de San Pedro, y con el que debió man-

---

[24] Fol. 2 del expediente (p. 24).
[25] Francisco del Campo y de la Haza Zudañez y Collado, (1753-¿?) de condición noble,
y natural del Valle de Mena (Burgos), se presentó al acto como Oficial Mayor de la
Secretaría de Encomienda de S. M., habiendo sido con anterioridad, secretario de doña
Teresa de Vallabriga y Rozas, mujer del infante don Luís. Para más información sobre
este personaje ver AHN: Expediente de pruebas del caballero de la orden de Carlos III,
Francisco del Campo y de la Haza Zudañez y Collado, natural de Nava, Valle de Mena, Signatura: ESTADO-CARLOS_III,Exp. 946, año 1796.

tener una larga y firme amistad, ya que en diversas escrituras notariales de los Boccherini, el propio del Campo aparecería como testigo, incluso años después de fallecer el Infante.[26]

Si bien, el propio del Campo, fue apartado del servicio al Infante, así como del de su mujer, y trasladado a Madrid, debido a diferentes tensiones y conflictos con don Luís, la relación personal con Boccherini continuó en los años sucesivos.

Es del Campo el que se manifestaba en los siguientes términos:

...Que con motivo de haber vivido en la v.ª de Arenas con ocupacion de la secretaria del serenísimo S.ᵒʳ Infante Dⁿ Luís, conocio y tratò alli a Dⁿ Luís Boccherini contrayᵗᵉ estando casado con Dª Clementina Pellicia cuyo fallecimᵗᵒ le es constante fue en dha vª y despues permanecio en ella el Dⁿ Luís [Boccherini] unos dos meses, teniendole en su casa el que declara hasta qᵉ se vino à esta corte.[27]

Esta declaración, viene a confirmar de nuevo, la corta estancia de Luigi Boccherini en Arenas tras el fallecimiento de Clementina Pellicia, su primera mujer, siendo acogido en su casa (dato novedoso), por el propio Francisco del Campo, una muestra más de la intimidad a la que habían llegado durante los años de Arenas de San Pedro.

Junto a Francisco del Campo, para corroborar y sustentar aún más, su idoneidad para poder casarse, Boccherini presentó, en el mismo acto, a otros tres testigos para que ratificaran su estado de viudedad, así como el de soltería de su futura mujer. Fueron los siguientes:

- **Domingo Antonio Quiroga**, ayuda de cámara del propio Francisco del Campo. (Su declaración consta en las páginas 5 y 6 del expediente.)

- **Josef de Isla**, un empleado que vivía en la calle de San Carlos número 13, que manifestó: "Que Joaquina Porreti la trata desde su corta edad, y qᵉ sus padres son difuntos". (Su declaración consta en la página 6 del expediente.)

- **Rafael Monreal**, individuo de la Real Capilla, que dijo: "Conocer a la contrayente desde su corta edad por amistad con sus padres, qᵉ es huerfana y soltera". (Su declaración consta en la página 7 del expediente.)

---

[26] Véase TORTELLA, J.: *Luigi Boccherini. Diccionario de Términos, Lugares y Personas*, voz: **CAMPO, Francisco del**.

[27] Fol. 4 del expediente (p. 26).

Como es lógico, todos ellos manifestaron conocer a Luigi Boccherini y a la que sería su futura mujer.

Tras estas declaraciones y testimonios, Boccherini se dirige al tribunal eclesiástico manifestando lo siguiente:

Señor

D.ⁿ Luís Boccherini, individuo de la Rˡ Capilla pone en su consideracion de V. que en su trãl. tiene pendientes las diligˢ pᵃ el Matrimonio qᵉ tiene tratado con Dᵃ Maria Joaquina Porreti, nral y vecina de esta Corte Maior de hedad y huerfana como lo tiene acreditado, y viendose en la precision de pasar à principios de la semana inmediata al Rˡ Sitio de Aranjuez donde se halla la Corte para el cumplimᵗᵒ de su obligacion, y deseando efectuar antes dho. Matrimonio qᵉ quiere finalizado pᵃ evitar de este modo los gravisimos perjuicios qᵉ de lo contrario acaeceran contraer qᵉ espone en su atencion

A V. Suppᶜᵃ qᵉ en atencion a lo referido, se sirva dispensar las tres Amonestaciones Conciliares, para evitar semejantes perjuicios y poder pasar con toda la brevedad al cumplimᵗᵒ de su obligacion y destino; Asi lo espera de la justificacion de V. cuia vida gue. Dios muchos a.ˢ: Madrid y Abril 12 de 1787

Luigi Boccherini [firma][28]

Mediante este escrito, Boccherini intentaba obtener la máxima celeridad y presura posibles, así como el poder ser dispensado de tener que pasar por el trámite de las amonestaciones conciliares[29] por parte del tribunal, y obtener la licencia matrimonial para poder casarse antes de marchar con la Corte al Real Sitio de Aranjuez.[30]

---

[28] Fols. 9 y 10 del expediente (pp. 32-33).

[29] Según la normativa tridentina, derivada del Concilio de Trento (1545-1563), este era uno de los requisitos previos al matrimonio, en el que se tenía que publicar información acerca de los contrayentes en tres días festivos *Inter Misarum Solemnia*, que generalmente se efectuaba durante tres domingos seguidos.

[30] Considerada como una de las residencias de la Corte durante la primavera, comenzaba desde el miércoles de Pascua, extendiéndose hasta finales de junio o principios de julio. Esta temporada de recreo era muy apropiada para practicar una de las aficiones de la familia real, la caza. Véase TORTELLA, J.: *Luigi Boccherini. Diccionario de Términos, Lugares y Personas*, voz: **ARANJUEZ**.

Por lo que sabemos, tras abandonar la localidad de Arenas de San Pedro, Boccherini nunca llegó a ostentar una plaza en la planta de la Real Capilla de Carlos III,[31] si bien, quizá el monarca (o su sucesor, Carlos IV), le pidiera que actuara en alguna ocasión, pero no de manera regular.

Por tanto, podría ser que la supuesta "obligación" de trasladarse a Aranjuez, no fuera más que una excusa o pretexto que le sirviera a Boccherini para justificar el apremio al tribunal eclesiástico, en lo referente a las amonestaciones.

Como complemento al suplicatorio redactado por Luigi Boccherini, este presentó, además, dos partidas sacramentales.

Una de ellas, y para certificar su estado de viudedad, fue la partida de defunción de su primera mujer, Clementina Pellicia, sobrevenida en la villa de Arenas de San Pedro el 3 de abril de 1785, y como novedad, el otro documento, haría referencia a una copia legalizada de la partida de bautismo de la contrayente, es decir, de Maria Pilar Joaquina Porreti.[32]

Recibida y analizada la documentación presentada por Boccherini, y a la vista de su petición, el tribunal accedía a las pretensiones del compositor, emitiendo así, un auto, el mismo jueves día 13 de abril de 1787, atendiendo y considerando de esta manera la celeridad y diligencia que pretendía el contrayente, en el que:

> ...*se dispensa à estos contrayentes en dos de las tres Amonestaciones que dispone el santo Concilio y p^a q^e se efectue la restante en las parroquias de Sn Sevastian, Sn Martin, y Sn Gines de esta Corte se libren los conducentes Despachos, ...*[33]

---

[31] Como la mayoría de los antiguos sirvientes del infante don Luís, tras morir éste, recibieron orden de reintegrarse a sus lugares de origen. Boccherini redactó entonces, un memorial pidiéndole al rey Carlos III que le mantuviera el sueldo que había recibido, durante 15 años, al servicio del Infante, petición que le fue concedida, quedando el músico a la espera de una eventual vacante de violonchelista en la Real Capilla, vacante que, si bien se produjo, nunca se le llegó a asignar. Véase TORTELLA, J.: *Luigi Boccherini. Diccionario de Términos, Lugares y Personas*, voz: **MEMORIAL**.

[32] APSS: Libro de bautismos n° 38, fol. 381, partida de bautismo de Maria del Pilar Joaquina Ana Carlota Ramona, 16 de octubre de 1762. (Ver fol. 13 del expediente matrimonial, p. 35)

[33] Fols. 10 y 11 del expediente (pp. 33-34).

Más adelante en el expediente, pero con un día de antelación respecto a la anterior dispensa, es decir, el 12 de abril, se daba licencia al cura de la parroquia de San Martín para que se encargara de realizar la única amonestación que el tribunal asignaba:

> ...*q^e Amoneste en ella y solo un dia festibo de los tres que dispone el S.^to Concilio advirtiendo en la ultima estar dispensadas de las dos restantes,...*[34]

Se trataba pues, de acortar los plazos, y que fuera a cargo de los párrocos de la iglesia de San Ginés, para el caso de Luigi Boccherini, por vivir entonces en la calle de la Madera Alta número 18, y de la iglesia de San Sebastián, en el caso de Maria del Pilar Joaquina Porreti, por habitar en la calle del Sordo número 2, y no en la del Lobo, como se venía pensando hasta ahora.

Finalmente, el lunes 16 de abril de 1787, el tribunal eclesiástico emitía su auto definitivo, en el que reflejaba:[35]

> *Mediante q^e de las Amonestaciones ejecutada entre Dn Luigi Boccherini, D^a y Maria del Pilar Joaquina Porreti no ha resultado Impedim^to alguno p^a el Matrimonio q^e intentan contraer, librese la correspondiente Liz^a al parroco de San Sevastian p^a q^e los despose, y aperciba ¿? dentro de quince dias. Lo mandò el s.^or d.^or Dn Cayetano de la Peña Granda, Inqq.^or ordinario y vicario de esta v^a de Madrid y su Partido à diez y seis de Abril de mil setecientos ochenta y siete =*
>
> *Dr Peña*   *Ante mi*
>   *Nicolás de la Fuente*

Obtenida entonces la licencia, y sin existir ningún impedimento, justo una semana después de haber iniciado la tramitación del expediente matrimonial, Luigi Boccherini y Maria Pilar Joaquina Porreti contraían matrimonio

---

[34] Fol. 17 del expediente (p. 38). Finalmente, la amonestación para el matrimonio con Joaquina Porreti, se efectuaría el 15 de abril de 1787 (domingo), en la parroquia de San Ginés, APSG: Libro 15 de amonestaciones, fol. 150v., en Tortella, J.: *Luigi Boccherini. Diccionario...*, voz: **Matrimonio**.

[35] Fol. 22 (último) del expediente (p. 43). Véase que aparecen tachadas las letras 's' y 'es', de 'las Amonestaciones', puesto que sólo se ejecutó una.

el miércoles 18 de abril de 1787,[36] en la parroquia de San Sebastián, que es la que correspondía, efectivamente a la contrayente, por vivir en la calle del Sordo, pero las bendiciones nupciales, no se producirían hasta el martes 4 de julio del mismo año, teniendo lugar en la parroquia de San Martín, que es la que correspondería al nuevo matrimonio por vivir ahora toda la familia en la calle de la Madera Alta número 18.[37]

Conclusiones

Al fallecer el infante don Luís, en agosto de 1785, Boccherini, ya viudo de su primera esposa, Clementina Pellicia, permaneció dos meses, en la villa de Arenas de San Pedro, alojado con sus hijos en la casa de Francisco del Campo, secretario que fuera del Infante. Al cabo, regresó a Madrid, durante el segundo semestre de 1785 y allí permanecería los siguientes 20 años hasta su muerte, en 1805.

A finales del año 1786, Boccherini dio su palabra de matrimonio a la joven Maria del Pilar Joaquina Porreti e inició un expediente matrimonial para desposarla y reconstruir la estructura familiar, rota con la muerte de Clementina.

Es plausible pensar que la relación existente por entonces entre Boccherini y Rafael Monreal, violinista de la Real Capilla, casado desde 1775 con una hermana mayor de Joaquina Porreti, de nombre Teresa, pudiera haber favorecido que la pareja se conociera, y de ello se derivara la decisión de contraer matrimonio.

Pero lo más relevante es que el análisis del expediente matrimonial Boccherini-Porreti haya desvelado algún aspecto desconocido hasta ahora, como el hecho de que los Boccherini se hubieran alojado en la casa de Francisco del Campo, en Arenas, entre agosto y finales de setiembre de 1785, a la muerte de su protector, el infante don Luís; o ha permitido también precisar el inmueble en el que se instaló Boccherini con sus hijos, a su llegada de nuevo a la capital madrileña, en la calle de los Coloreros número 22 (hasta ahora se creía que había sido en la Plazuela de San Ginés, número 21, pero en el siglo XVIII, esa 'plazuela' no era más que la prolongación de la calle de los Coloreros).

---

[36] APSS: Esponsales de Luigi Boccherini y Maria Pilar Joaquina Porreti, Libro 31 de matrimonios, fol. 188, 18 de abril de 1787. En el texto del acta se hace mención de la dispensa de dos de las tres amonestaciones preceptivas. Boccherini tenía 44 años y Porreti, 25.

[37] AHDM: Parroquia de San Martín: Bendiciones nupciales con Maria Pilar Joaquina Porreti: Libro 29 de matrimonios, fol. 429, 4 de julio de 1787.

También ha permitido situar el domicilio de soltera Maria del Pilar Joaquina y saber la edad exacta a la que contrajo matrimonio.

Es, por consiguiente, un documento revelador que había permanecido oculto, hasta ahora, a la vista de los investigadores.

—■—

EXPEDIENTE MARIMONIAL

BOCCHERINI-PORRETI

1787

(Facsímil)

[Documento manuscrito, Madrid, 11 de abril de 1787]

preguntado dijo, se llama D.n Luis Boccherini, y
es nal. de la Ciudad de Luca Reyno de Toscana hi
jo de D.r Leopoldo, y de D.ª Maria Santa Prosperi ya
difuntos, y viudo de D.ª Clementina Pellicia que
murió en tres de Abril de el año de mil setecientos
ochenta y cinco, en la v.ª de Arenas, la vió difunta
y se la enterró en su Yg.ª Parroquial: que en aquel
Pueblo permaneció viudo dos meses, hasta que
se vino á este, y es feligres de S.r Martin viviendo en la calle alta de la Madera numero
diez y ocho hace cinco meses, y antes lo res-
tante lo fue de la de S. Gines haviendo vivido
en la calle de Coloreros numero veinte y dos.
Que no se ha buelto á Casar ni p.ª ello ha dado palabra á mas persona q.e á D.ª Maria
Juaquina Porreti que se la dio hace cinco
meses y se la quiere cumplir de su libre, y
espontanea Voluntad: Que no tiene echo voto
de Religion, Castidad, Parentesco, ni otro Ympedimento q.e le obste casarse: Y q.e todo es la
Verdad bajo su juram.to q.e hizo en q.e se afirmó, lo
firmó y expresó ser de hedad de cuarenta
y quatro años de q.e doy fee=

Luis Boccherini.   Ante mi

Nicolas de la Fuente

La Contray.te y

En la v.ª de Madrid á Doce de Abril
de mil setecientos ochenta y siete: el s.r Lic.do D.n
Manuel Angel Carrancio Abogado de los R.s

Consejo y fiscal Ecco. dela audiencia Arzobispal de esta Va. y su Partido á conseqa. dela comision
que le esta conferida por el auto qe. precede, y estando á su presencia la que refirió ser la Contrayente en el contenida, por ante mi el Notario la recivio Juramto. por Dios ñro. señor, y á
ona señal de Cruz en forma de dro. y haviendolo echo la suso dha. como se requiere y prometido
decir verdad, fue preguntada y dijo: se llama
Da. Maria del Pilar Joaquina Porreti, que es
natural deesta Corte, hija de Dn Domingo Porreti,
y de Da. Manuela Fradell ya difuntos: Que todo
su vida ha sido y es Parroquiana dela de San
Sevastian por vivir en la Calle delsordo numero dos donde se la recive esta declaracion =
Que siempre se ha mantenido en el estado ho-
nesto de soltera y libre, sin haverse Casado,
ni dado para ello palabra á persona alguna,
mas que á Dn Luis Boccherini individuo de
la Rl. capilla, que sela dio hace cinco meses
y se la quiere cumplir de su libre y entera
voluntad; que no ha sido inducida ni violen-
tada por dho. contrayte. ni otra persona en
su nombre pa. la practica de estas diligencias;
Que no tiene echo votos de religion, castidad
Parentesco con el mismo, ni se halla con otro
Ympedimento ppco. ó secreto que la estorve
contraer este Matrimonio: Yque todo es la
verdad bajo su Juramto. tho. en qe. se afirmó
y ratificó, lo firmó con dho. sor. fiscal, y,

Expresó ser de hedad de Veinte y seis años
de que yo el Notario doy feé=

María Joaquina Porreti

Dn. Carrancio

Ante mi

Nicolas de la Fuente

Justificaz.on

En la v.ª de Madrid à doce de Abril de mil sete
cientos ochenta y siete: De presentación del Con
trayente, y para Justificación de su libertad, yo el
Notario recivi juram.to por Dios, y àuna Cruz
segun dro. el que expresó llamarse Dn. Fran.co
del Campo oficial Mayor de la secretaria de en
comiendas de S. M. y haviendolo echo como se
requiere prometió decir verdad ypreguntado
dixo: Que con motivo de haver vivido en la v.ª de
Arenas con ocupacion en la secretaria del excen
nisimo s.or Infante Dn. Luis, Conocio y trató alli
à Dn. Luis Boccherini contrayte. estando Casado
con D.ª Clementina Pellicia cuio fallecim.to le
es constante fue en dha.ª y que despues perma
necio en ella el Dn. Luis unos dos meses, teni
endole en su Casa el que declara hasta q.e se
vino à esta Corte, y este lo executó despues: Con
cuias razones le consta que es viudo y libre,
sin haverse buelto à Casar, ni save q.e para
ello haia dado palabra à persona alguna ma

gª à Dª Maria Juaquina Porreti: Ignora

tenga echo votos de religion, Castidad, Parentesco

ni otro Ympedimⁿᵗᵒ que le obste casarse. Yqᵉ todo

es la verdad bajo suʲuramᵗᵒ fho. enqᵉ se afir-

mò, lo firmò, y expresò ser de hedad de treinta

y dos años deqᵉ &ª fee =

Franᶜᵒ del Campo

Antemi

Nicolas suaʲ Fuentes

tgo.   En Madrid dho. dia doce: De la misma presen-

tacion, y para dha justificacion, yo el Notario

recibiʲ Juramᵗᵒ por Dios, y à una Cruz segun

dᵒ. del qᵉ refirio llamarse Dⁿ Domingo Quixo-

va Ayuda de Camara de Dⁿ Franᶜᵒ del Campo tgo.

anterior, y haviendolo echo como se requiere pro-

metio decir verdad y preguntado dijo: Que à Dⁿ

Luis Boccherini Contrayᵗᵉ que le presenta le

conoce y trata desde antes de embiudar en laᵈ.

de trentaʲ dos meses qᵉ permanecio viudo en la

Casa de dho. su tio hasta qᵉ se vino à esta Corte,

que despues lo ejecutò tambien el tgo. y le sigue

tratando en ella: Que tambien conocio à Dª Cle-

mentina Pellicio su consorte que murio en dha

dª y save se la enterrò en su Parrocᵃ: Por cuiasʲ

razones le consta que es tal viudo, y libre no

Casado, ni ha entendido qᵉ ʲª ello tenga dada

palabra à mas personasqᵉ à Dª Maria

Juaquina Porreti: Ygnora tenga echo votos

de religion, Castidad, Parentesco, ni otro Ym.

pedimento qⁿ le estorue Casarse. Y qⁿ todo
es la Verdad baso su juramᵗᵒ ᵗᵗᵒ. en qⁿ se
afirmò, lo firmò, y expresò ser de hedad de
cinquenta años de qⁿ doy feé—

Domingo Antonio
de Quiroga   Antemi

Nicolas de los Cuevas

En dhaᵃ diaᵃ dia mes y año referidos: De presentacion de la Contrayente y pᵃ Justificacion
de su livertad, yo el Notario recivi juramᵗᵒ
por Dios y ª una Cruz segun dⁿᵒ. del qⁿ expresò llamarse Dⁿ Josef de Ysla empleado
en laᵃ que vive calle de Sⁿ Carlos numer-
tece y haviendolo echo como se requiere
ofrecio decir verdad y preguntado dixo: Que
à Dª Maria Juaquina Poreti contrayente que le presenta la conoce y trata desde Corta hedad por amistad qⁿ tubo con
sus Padres à quienes vio difuntos: Por cuias Razones le Consta qⁿ es soltera, huerfana y libre, no Casada ni save qⁿ para ello haia dado palabra à persona
alguna mas qⁿ à Dⁿ Luis Boccherini:
Yni que tenga echo votos de Religion, Castidad, parentesco, ni otro Ympedimᵗᵒ qⁿ le obre
Casarse—y qⁿ todo es la verdad baso su
juramᵗᵒ ᵗᵗᵒ en qⁿ se afirmo, lo firmò, y
expreso ser de hedad de veinte y siete à de qⁿ doy
feé—

Josef de Ysla   Antemi

Nicolas de los Cuevas

En dho. dia mes, y año expresados. De la
misma presentacion, y para dha justificaz.
yo el Notario recivi juram.to por dios y á una
Cruz segun dro. al q.e refirió llamarse D.n Ra
fael Monrreal individuo de la R.l Capilla, y
haviendolo echo como se requiere ofreció decir
verdad y preguntado dixo: Que á D.a Maria
Juaquina Porreti contrayente la Conoce y
trata desde corta hedad por amistad con sus
Padres á quienes vió difuntos. Y por lo mismo
le Consta que aquella es huerfana, soltera
y libre, sin haverse Casado, ni save q.e para
ello haia dado palabra á persona algu.
na mas q.e á D.n Luis Boccherini: Ygnora
tenga echo votos de Religion, Castidad,
Parentesco, ni otro Ympedim.to q.e la estorve
Casarse ——— y q.e todo es la verdad bajo su
juram.to ho. en que se afirmó, lo firmó
y ——— expresó ser de hedad de cuarenta y
quatro años de que doy fee =

Rafael Monrreal   Ante mi

                          Nicolas de la Fuente

✝

Señor

D.n Luis Boccherini, in
dividuo de la R.l Capilla:
pone en consideración de V.E.
que en su tñal. tiene pendientes las dilig.s p.a el Matrim.
q.e tiene tratado con D.a Maria Juaquina Porreti ntal y
vecina de esta corte, maior
de hedad y huerfana como
lo tiene acreditado, y viendose
en la precisión de pasar a
principios de la semana inmediata al R.l sitio de Aranjuez donde se halla la corte
para el cumplim.to de su obligación, y deseando efectuar
antes d.ho. Matrimonio ~~~~~
~~~~~ y q.e quede finalizado p.a
evitar de este modo los gravisimos perjuicios q.e de lo con-

 siano acaecexan contra e
q.^e espone en su atencion

A V. Supp.^{ca} ^e q. en at
cion à lo xeferido, se sirva
dispensar las tres Amo-
naciones Conciliares, par
evitar semejantes perjui
y poder pasar con toda ta
vedad al Cumplim.^{to} xsuo
gacion y destino; Asi lo
bexa de la justificacion.
V. cuia vida que. dios
a.^s: Madrid y Abril 1.^a
178_

Luis Boccherinis

Auto

Por presentado unase à l
autos de q.^e hace referen
y Vistos con lo q.^e se expone
se dispensa à estos contray
en dos de las tres Amone
taciones que dispone el Sant

Concilio, y p.ª q.e se execute la restante en las Parroquias de S.n Sevastian, S.n Martin, y S.n Gines de esta Corte se libren los conducentes Despachos, y evacuados se traiga: Lo mando y firmó el S.r D.r D.r Cayetano de la peña y Granda Ing.r ordinario y vicario de esta v.ª de Madrid y su Partido à trece de Abril de mil setec.s ochenta y siete =

Antemi

Nicolas de la Fuente

Certifico, como Then.te Cura dela Iglesia Parroq.l de S. Sebastian de esta Villa de Madrid, que enel Libro treinta y ocho
de Bap.mos y alfolio trescientos Ochenta y uno buelto, hay
la partida del tenor sig.te

Partida { En la Iglesia Parroq.l de S. Sebastian de esta
Villa de Madrid, en Diez y seis dias de Octubre de mil setecientos y noventa años: Yo D.r Isidro Rellan, Pbro. con
licencia de el S.or Cura Economo de esta Iglesia, puesta
al folio trescientos cincuenta y uno buelto de este Libro
Bapticè solemnem.te a Maria Del Pilar, Joaquina
Ana, Calixta, Ramona, que nació en esta Villa en Catorce
de dho mes, y año, hija de D.n Domingo Porreti, nal. de
la Ciudad de Sora, Reyno de Napoles, y de D.a Manuela
Pradell su muger, nal de esta Corte, Baptizada en la
Parroq.a de S. Martin: viven Calle del Lobo de esta
feligresia: fue su Padrino D.n Antonio Villaron de estado
Soltero, vive en dha Calle, y le adverti el parentesco espi-
ritual, y la Obligacion de enseñarla la Doctrina
Christiana y lo firmè = D.r Isidro Rellan =
Concuerda con la partida Original á que me remitto. S.
Sebastian de Madrid y Abril Onze de mil setecien-
tos ochenta y seis / en m.do y rayado = Pradell = valga =
B.n g.n Jph. Maximo de
Almodillo Y

☩

Certifico io el Ldo. Dn. Josef Carra
molino Cura proprio y Vicario en esta
Villa y su Partido como en el libro
de Difuntos de esta Parroq.l q.e comenzo
en mil set.co ochenta y uno y sigue al
folio sesenta y cinco esta la Clausula de
partida siguiente.

Clausula.   En la Villa de Arenas en mes de
Abril de mil set.co ochenta y cinco la
fallecio sin recivir los S.tos Sacram.tos
solo el dela Extremaunción y este
sub conditione Dª Clementina e
Nicia Muger lexª de Dn. Luis
Boccherini, resid.te en esta Villa

Asi consta de la citada clausu
la a q.e me remito. y p. q.e conste
lo firmo, en esta Villa de Arenas
y Dic.e nuebe de mil set.co ochenta
y cinco.

Lido. Josef Carramolino

Yo Juan Garra Negro Notario pp.co dese Obispad
de Avila de la Vicaria, y Dezmeria desta.... y unica

en ella, certifico y doy fee, que el s.or Lic.do d.n Josef
Carramolino ôequien vâdada la Certificacion ante
xion estal cura Propio, y Vicario como renomina, y
la firma y rubrica q.e esta alpie ddella, enlamisma
q.e acostumbra, y acostumbrado hechar entodos sus
escritos alosquales rehadado y da entera fee ycredicto
en Juicio y fuera del, y p.a que conste donde convenga
pongo el presente que firmo yfirmo en Arenas á nue
ve á Diciembre demil setecientos ochentayçinco a.s

Damos Lic.ª al Cura ó Theniente de la Yglia. Parroquial de S.ⁿ Martin, de esta Corte, para q.ᵉ Amoneste en ella y solo un dia festivo de los tres que dispone el S.ᵗᵒ Concilio advirtiendo en la ultima estar dispensadas las dos restantes, á D.ⁿ Luis Boccherini n̄ral. de la ciudad de Luca en el Reyno de Toscana hijo de D.ⁿ Leopoldo, y de D.ª Maria Santa Prosperi ya difuntos, y viudo de D.ª Clementina Pellicia; para Matrimonio con D.ª Maria del Pilar Joaquina Parreti, n̄ral. de esta Corte, hija de D.ⁿ Domingo, y de D.ª Manuela Pradell ya difuntos, expresando que la contrayente es huerfana y m.ᵒʳ de hedad, y tho. pasadas veinte y quatro horas certifique lo q.ᵉ de ella resultare, dia en q.ᵉ la hiciere, y el tho. que el Contray.ᵗᵉ es su Parroquiano, informandose por su persona y Matriculas y en orden à su estado y libertad, y lo remita: Madrid y Abril doce de mil setecientos ochenta y Siete =

Amoneste a los dela f.ta en los dias festivos dies y
el dia festivo ayer 15 del Corr.te y no resulto imp.to
El Contray.te es mi parroq.no Como de unos tres me
a esta parte: Enla C.e dela Madera Alta no
ha tenido Ruido, y libre Consta de matricula
e informes S.n Marin y Ss.s diez y seis de
mil setec. ocht.a y siete //

Fr. Martin Araujo

Damos Liz. al Cura ô Theniente de la Ygla.
parroquial de Sn Ginés de esta Corte para que Amonge
te en ella conforme al Sto Concilio y en un solo dia se
cibo à los tres que dispone, adviertiendo ser primera y
ultima Amonestacion, por estar despensadas las
dos restantes, à Dn Luis Boccherini, nral. de la
ciudad de Luca viudo de Dª Clementina Pellicia, ê
Matrimonio con Dª Maria Juaquina Porreti
nral. de esta Corte hija de Dn Domingo y de Dª
Manuela Pradel ya difuntos, expresando que
la Contrayente es huerfana y mor de hedad
y tha. pasadas veinte y quatro horas certifique lo que de ella resultare dia en que la hiciere,
el tpo. que el Contrayente fue su parroquiano
y el que hà lo desô de ser, informandose por
su persona y Matriculas, y en orden à su
estado y livertad, y lo remita: Madrid y
Abril trece de mil setecientos ochenta y siete.

Amonesté à los contenidos en este
y la buelta, en un dia festivo que lo
fue ayer quince del corriente, advirtiendo al Pueblo ser primera, y ultima, y no
ha resultado Imp.to alguno. El contray.te
fue mi Parroquiano el año proximo de
och.ta y seis, frente la Puerta llama de
esta Ygl.a casa N.o 22, conocido por tal via-
do, sin que se sepa cosa en contrario;
como se informen, y matricula. San
Gines de Madrid, y Abril diez y seis del
año de mil sett. och.ta y siete.

D.n Manuel Lopez de
Tararnapa

Damos Liz. al Cura ó Theniente dela Yglesia
Parroquial de Sn. Sevastian de esta Corte pa. qe. Amoneste en ella conforme al Sto. Concilio y en solo un dia
delos tres que dispone, advirtiendo al Pueblo ser
primera y ultima, por estar dispensadas las dos
restantes, á Dn. Luis Boccherini, nral. dela
ciudad de Luca Reyno de tocana, hijo de Dn.
Leopoldo, y de Dª Maria santa Boxperi, difuntos
y Viudo de Dª Clementina Pellicia: Para Matrimonio con Dª Maria del Pilar Juaquina Poreti, nral. de esta Corte hija de Dn. Domingo, y
de Dª Manuela Pradell ya difuntos; Expresando en ella que la Contrayente es huerfana
y Maior de edad, y tha. pasadas veinte
y quatro horas certifique lo qe. della resulta
re, dia en que la hiciere, y el tpo. qe. dha.
Contrayente es su Parroquiana, informandose
por su persona y Matriculas, y en orden
à su estado y libertad, y lo remita = Madrid y Abril trece de mil setecd ochenta
y siete =

De amr en on dia

†

Amonesté a los Contenidos en este Despacho, en un día festivo que fue el Iunes del Cor[rien]te haviendo advertido a el Pueblo estar dispensadas las dos restantes Amonestacion[es], y no ha resultado Impedim[en]to la Contray[en]te es mi Parro[quia]na desde su Christiandad, viviendo Calles del Lobo, y del Sordo, Casas de Adm[inistraci]on contigua de Ulatueelas, tenida por libre, y soltera: S. Sebas[ti]an de Madrid y Abril, Diez y seis de mil setec[ien]tos Ochenta y siete.

B[achille]r. D[o]n Fran[cis]co. Marin de Sepulveda y.

Auto

Mediante q[u]e de las Amonestaciones executada entre D[o]n Luis Boccherini, y D[oñ]a Maria de la Paz Ioaquina Porreti, no ha resultado Impedim[en]to alguno p[ar]a el Matrimonio q[u]e intentan Contraer, librese la correspondiente Li[cencia] al Parroco de S[a]n Sebastian p[ar]a q[u]e los Despose, y adverbida su dependiente ā quince dias: Lo mandó el s[eño]r D[o]n Cayetano de la Peña y Granda, Yn[quisido]r ordinario, y Vicario de esta V[ill]a de Madrid y su Partido à diez y seis de Abril de mil setecientos ochenta y siete =

A n[te] mi

Nicolas ...

CONCIERTO BOCCHERINI

1985

ACERCA DE LOS CONCIERTOS DE LA UNIVERSIDAD POLITÉCNICA DE MADRID EN LA ESCUELA DE CAMINOS (1979-1986)

FERNANDO MÍNGUEZ IZAGUIRRE

Rememorar los años 80 del pasado siglo en la Escuela de Ingenieros de Caminos, Canales y Puertos de Madrid es sumergirse en ese torbellino de actividades extra-académicas que los alumnos promovían y que marcaron un hito en la vida universitaria de aquellos años.

El germen de esta explosión cultural habría que buscarlo en la década anterior. Fue en 1973 cuando, compartiendo el espíritu de cambio que inundaba la Universidad, se creó la Asociación Cultural Caminos, asociación de signo progresista comprometida con la lucha por las libertades democráticas. A su amparo fueron surgiendo, en los años siguientes, diversos grupos que ampliaron su actividad más allá de la organización de viajes, conferencias y debates: se promovió la edición de una revista, se organizó un cine club, un grupo de teatro, un club de fotografía, un grupo de urbanismo y, por supuesto, diversos grupos dedicados a la música en sus diferentes manifestaciones, desde la música clásica al *pop-rock*, pasando por el flamenco, el *folk* y la canción de autor.

Ciertamente, la actividad musical fue la que más eco tuvo fuera del ámbito de la Escuela. Los conciertos de pop-rock de los 80 en 'Caminos' alcanzaron merecida fama y, en particular, el concierto homenaje a Canito, batería del grupo TOS, celebrado allí en febrero de 1980, se considera unánimemente por la crítica musical como el inicio de la llamada "movida madrileña".

Por su parte, la música clásica, que ya se había abierto camino en los 70 con algunas actuaciones aisladas, como un concierto-conferencia de Cristóbal Halffter en 1975, adquirió más relevancia a partir de 1979 con el inicio de los Ciclos de Conciertos de la Universidad Politécnica de Madrid, cuya creación fue fruto de la insistencia ante los organismos oficiales de la Asociación Cultural Caminos.

En efecto, en 1978, quien escribe estas líneas y Ángel Guerrero, miembro muy activo de la Asociación, nos dirigimos, en representación de aquella, al director de la Escuela de Caminos, pidiéndole su apoyo para la celebración de conciertos de música clásica en los locales de dicha Escuela. Al director, Enrique Balaguer, le gustó nuestra iniciativa pero como la Escuela no contaba con recursos económicos propios nos remitió al Vicerrectorado de Extensión Universitaria de la Universidad Politécnica. Allí conseguimos el compromiso de que la Universidad asumiría la edición de los carteles que publicitaran los conciertos que, eventualmente, pudieran celebrarse (¡Ya teníamos algo!). Lo siguiente fue acudir a la Dirección General de Música del Ministerio de Cultura donde, finalmente, logramos para la Universidad Politécnica el patrocinio de todo un ciclo de conciertos con orquesta sinfónica.

De esta forma, en 1979 tuvo lugar en la Escuela de Caminos el **I Ciclo de Música Clásica de la Universidad Politécnica de Madrid** que incluyó cuatro conciertos, tres de ellos a cargo de la Orquesta Filarmónica de Madrid dirigida por Isidoro García Polo y el cuarto a cargo de la Orquesta Pro-Música dirigida por Luis Aguirre. Todo un éxito que tuvo continuidad en el II y III Ciclo y que, después, por diversos motivos, se vio interrumpido durante un tiempo, hasta 1985 en que organizamos el IV Ciclo.

Este **IV Ciclo de Música Clásica de la Universidad Politécnica de Madrid**, ahora patrocinado por la Politécnica, la Escuela de Caminos y el Colegio de Ingenieros de Caminos, incluyó cinco conciertos y presentaba un buen número de novedades de las que destacaría tres: la programación de un concierto dedicado íntegramente a la obra de Boccherini,[1] el estreno de una obra olvidada de Carlos Ordóñez en un concierto dedicado al clasicismo vienés, y la intervención en el Ciclo del Coro de la Universidad Politécnica.

El Coro de la Universidad Politécnica se había creado poco tiempo antes, en 1983, y el IV Ciclo nos dio la oportunidad de iniciar con él una colaboración que habría de resultar muy fructífera. Su director era José de Felipe Arnáiz, que había vivido muchos años en Rusia, había estudiado en el conservatorio Chaikovski de Moscú y había dirigido en aquel país destacados coros como el del teatro Bolschoi o el de la R.T.V. de la U.R.S.S.. Cuando le propuse hacer un programa con piezas de los siglos XV y XVI exclusivamente, me dijo que un programa así lo aguantaba el público ruso porque era muy disciplinado pero no el español que pedía algo más ligero. Me costó convencerle pero, al final, el programa, cuyas notas me encargué de escribir, fue "Polifonía Sacra y Profana de los siglos XV y XVI" y el público lo disfrutó de principio a fin, dando muestras de satisfacción y desmintiendo así los temores infundados del director.

---

[1] La imagen completa del programa de mano puede verse en las pp. 59-74, *infra*.

Cartel del IV Ciclo de Música Clásica (1985)

La colaboración con el Coro continuó en el siguiente Ciclo y, más adelante, con motivo de los actos conmemorativos de la Asociación Cultural Caminos en 2006, intervino en la representación de *TECHNÉ-Arte y Técnica*,[2] obra que unía música, teatro e imagen en un espectáculo multimedia.

La novedad del concierto dedicado al clasicismo vienés fue la inclusión en el programa, junto a obras de Mozart y Haydn, de una obra olvidada del compositor y violinista austriaco-español Carlos Ordóñez (1734-1786). Nacido en Viena, Ordóñez adoptó el apellido de su madre, la cual, probablemente, llegó a esa ciudad con la corte del archiduque Carlos tras ser éste derrotado en la guerra de sucesión española. Su extensa obra fue muy apreciada por sus contemporáneos y el propio Haydn dirigió en Sterhaza su ópera *Alceste*, parodia de la ópera homónima de Gluck. Pues bien, la obra de Ordóñez elegida para el concierto del 23 de mayo de 1985 en 'Caminos' fue el *Concierto para violín y orquesta* en Re mayor, lo que, además del interés que indudablemente tenía el dar a conocer este compositor al público de Madrid, tenía el valor añadido de que podía considerarse un estreno mundial ya que no había constancia de que se hubiera vuelto a interpretar más allá del siglo XVIII. De hecho, con este estreno nos adelantamos a la programación del Teatro Real de Madrid donde varios meses después, el 27 de noviembre de 1985, en un concierto extraordinario patrocinado por el Instituto Hispano Austriaco, se interpretaron dos obras de Carlos Ordóñez: el *Concierto para violín y orquesta* en Re mayor y la *Pantomima*.

La interpretación de los dos conciertos, el de 'Caminos' y el del Teatro Real, corrió a cargo de la orquesta Nova Schola Pratensis dirigida por Abilio Blázquez, con Sergio Vacas como solista de violín, en el caso de 'Caminos'. Esta misma orquesta y su director habían grabado en 1982 un disco con tres sinfonías de Ordóñez, trabajo con el que consiguieron uno de los premios nacionales del disco. Gran estudioso y divulgador de la obra de Ordóñez, Abilio Blázquez, no sólo fue el responsable en su día de la revisión de las partituras del *Concierto para violín*, la *Pantomima* y varias sinfonías del compositor, sino que actualmente (2023) se encuentra preparando para su posible es-

---

[2] "*TECHNÉ-Arte y Técnica*" se estrenó el 20 de abril de 2006 en la Escuela de Ingenieros de Caminos, Canales y Puertos de Madrid con el siguiente cartel: Dirección y guión: Fernando Mínguez; Dirección teatral y puesta en escena: Luis A. Sánchez; Composición y dirección musical: José Luis Carles; Fotografía y montaje audiovisual: Paco Manzano; Coro de la Universidad Politécnica de Madrid, director Joan Cabero; Interpretación: Teatro Destellos-Fitec y Trivium teatro acción.

treno la partitura de la mencionada ópera *Alceste*, perdida desde el siglo XVIII y que él mismo ha conseguido localizar.

El concierto dedicado a Boccherini

Pero volvamos a enero de 1985, cuando tiene lugar en 'Caminos' el concierto dedicado en exclusiva a la obra de Luigi Boccherini; una gran novedad si atendemos al desconocimiento general que existía del músico de Lucca en aquellos años. En el libro de Alfredo Boccherini y Calonje publicado en 1879 sobre la figura de su bisabuelo, *Luis Boccherini. Apuntes biográficos y catálogo de las obras de este célebre maestro,* relata el autor lo impresionado que quedó al oír interpretar por primera vez una obra de Boccherini. Sucedió en un concierto dirigido por Tomás Bretón en el Teatro Apolo y la obra en cuestión era el famoso minueto del *Quinteto* en Mi mayor, Op. 11 nº 5. Tras oírla, Alfredo Boccherini lamentaba que esa música tan apreciada en el extranjero no lo fuera también en España y se declaraba eternamente agradecido a Bretón, pues gracias a él "el público madrileño sabe que Boccherini compuso un minuetto. ¡Por algo se empieza!". Cien años después parece que seguíamos anclados en ese comienzo porque, efectivamente, el 'minueto' era muy conocido y considerado un perfecto ejemplo del estilo galante pero, para la mayoría del público, esa era la única obra de Boccherini que habían tenido ocasión de escuchar en nuestro país.

Afortunadamente, un buen día Demetrio Ballesteros, catedrático de guitarra en el Conservatorio de Madrid y afamado concertista con el que ya habíamos colaborado en anteriores ocasiones, nos habló de los quintetos con guitarra de Boccherini que estaba preparando con el grupo de cámara ESTRO.[3] Sin dudarlo, le propusimos hacer un concierto, dentro de los Ciclos de Música Clásica de la Universidad Politécnica, monográficamente dedicado a Boccherini. La propuesta fue aceptada por él y los músicos del grupo ESTRO, y el programa del concierto Boccherini se conformó con dos quintetos con guitarra, el nº 2 en Mi mayor y el nº 9 en Do mayor llamado "La Rittirata di Madrid", además del quintetino Op. 30 nº 6 "La Música Notturna di Madrid" adaptado para cuarteto de cuerda. Un programa muy atractivo que esperábamos despertara el interés del público madrileño por la música de Boccherini.

---

[3] El grupo de cámara ESTRO (un cuarteto de cuerda) estaba integrado por: Wladimiro Martín (violín), Francisco Martín (violín), Emilio Navidad (viola) y Belén Aguirre (violonchelo).

La Asociación Cultural Caminos puso todo su empeño en la organización del concierto y procuramos, con los medios a nuestro alcance, que tuviera la mayor difusión posible. Recuerdo que incluso escribimos una carta al entonces alcalde de Madrid, Enrique Tierno Galván, en la que, apelando a la estrecha vinculación de Boccherini con esta ciudad, le pedíamos que nos honrara con su presencia en esa velada musical. Asimismo, el diseño de los carteles y la elaboración del programa de mano fueron cuestiones a las que dedicamos una especial atención. Para mí, la redacción de las notas al programa no era sino una invitación para profundizar en la vida y obra de Boccherini, así que ¡cómo rechazarla! Me entregué a la tarea de inmediato sin escatimar esfuerzos y debo reconocer que me resultó muy gratificante pues mi interés por el músico iba *in crescendo* según iba descubriendo nuevos detalles de su biografía.

Llegado el día del concierto, el público madrileño respondió a la convocatoria con una afluencia notable. Demetrio Ballesteros y los músicos del grupo de cámara ESTRO destacaron por la brillante interpretación de las obras del programa y los largos aplausos pusieron un inmejorable final al mismo. Creo que puede decirse que el concierto fue un éxito en varios sentidos: por la asistencia de público, por la excelente actuación de los intérpretes y por el hecho de dar a conocer unas obras de gran calidad de un autor que en aquellos días no gozaba del reconocimiento que merecía.

En cierto modo, pensaba yo, este concierto era un desagravio por el olvido en que Madrid había tenido a Boccherini. Basta recordar, por ejemplo, que la primera representación en tiempos modernos de su zarzuela Clementina, montada a partir de las particellas existentes en la Biblioteca Histórica del Ayuntamiento de Madrid, no tiene lugar hasta octubre de 1985 en el Teatro Español,[4] a pesar de que la catalogación de las particellas en la Biblioteca se remonta a 1903.

Visto desde la distancia en el tiempo, quizá nuestro concierto ayudó a llenar ese vacío, contribuyendo a difundir la música de Boccherini en un momento en que ésta empezaba a ser rescatada del olvido.

No querría dejar de recordar aquí a Gonzalo Pérez Morales,[5] a quien conocí a raíz de este concierto en 'Caminos'. A partir de entonces mantuvimos

---

[4] La partitura de esta primera representación fue realizada por Antonio Gallego.

[5] Gonzalo, ingeniero industrial especializado en electrificación de ferrocarriles (Madrid, 1909-2005), estaba casado, desde 1941, con Mª Antonia Boccherini (Madrid, 1912-2003), una de las cuatro mujeres que componían la quinta generación de los descendientes directos del compositor.

una amigable relación que nos permitió hablar a menudo de las investigaciones que él estaba llevando a cabo sobre la figura de Luigi Boccherini y su familia.

El resultado de sus investigaciones, que incluían nuevos datos muy relevantes, lo plasmó en 1993 en un libro artesanal que tituló *Vida de Luis Boccherini*. Gracias a la iniciativa de la Asociación Luigi Boccherini y de la editorial Arpegio, años después, en 2010, se publicó el libro *Boccherini en Familia*,[6] que recogía el escrito por Gonzalo, ampliado con unas acertadas e interesantes notas aclaratorias de Jaime Tortella. Una publicación encomiable que representa un reconocimiento a la labor investigadora de Gonzalo.

El V Ciclo (el último)

Pasemos ahora a comentar brevemente el **V Ciclo de Música Clásica de la Universidad Politécnica de Madrid**, celebrado, al igual que los anteriores, en la Escuela de Ingenieros de Caminos, a lo largo del año 1986.

La continuidad de estos últimos ciclos fue posible gracias al apoyo de José Antonio Torroja, director de la Escuela, y de Margarita Ruiz, Vicerrectora de la Universidad Politécnica de Madrid.

El V Ciclo incluyó cuatro conciertos con un amplio recorrido temporal que abarcaba desde la música antigua a la música del siglo XX. La colaboración con el Coro de la Universidad Politécnica, iniciada en el IV Ciclo, tuvo continuidad en el V, si bien, en esta ocasión, con un programa centrado en el siglo XVIII. Pero lo más novedoso del Ciclo fue el *Espectáculo Audiovisual. Xenakis*,[7] realizado el 16 de abril de 1986, en el que la música de Iannis Xenakis se fusionaba con imágenes procedentes de las obras de tres artistas plásticos.

La dirección musical la asumió el propio Xenakis en persona y la representación fue muy aplaudida por el público que tuvo la oportunidad de disfrutar de ese "impresionante espectáculo", en palabras del director de la Escuela.

---

[6] *Boccherini en Familia*, Tempo de Minuetto-4, Asociación Luigi Boccherini y Editorial Arpegio, Madrid y Sant Cugat, 2010. Incluye *Luis Boccherini. Apuntes biográficos y catálogo de las obras de este célebre maestro* (1879), de Alfredo Boccherini y Calonje; *Vida de Luis Boccherini* (1993), de Gonzalo Pérez Morales; más un "Estudio Preliminar", por Jaime Tortella.

[7] "*Espectáculo Audiovisual. Xenakis*": idea original y montaje, Fernando Mínguez; música, Iannis Xenakis; obra plástica, Mª Ángeles Lóriz, Luis Gómez y Luis M. Berrutti; fotografía, Paco Manzano; técnico de sonido, Guy Noël.

Iannis Xenakis y Fernando Mínguez, en un momento de la preparación del espectáculo audio-visual (fotografía de Paco Manzano)

Terminado el V Ciclo, la actividad de la Asociación Cultural decayó y los conciertos de música clásica en 'Caminos' tocaron a su fin. En realidad era el fin de una época en que gracias a la ilusión y el trabajo de los integrantes de la Asociación Cultural Caminos se había conseguido culminar cinco ciclos de conciertos, abriendo así el camino a la presencia de la música clásica en la Universidad Politécnica de Madrid. A todos ellos, miembros de la Asociación,[8] hay que agradecerles su desinteresada contribución a la realización de cada uno de los conciertos programados.

A partir de aquí, a otros les corresponderá seguir escribiendo la historia de la música en la Universidad Politécnica de Madrid. Yo sólo puedo decir que la semilla que plantamos en su día, al parecer arraigó con fuerza, pues

---

[8] Sin perjuicio del trabajo de otros muchos compañeros, cabe citar a David Novaes, presidente de la Asociación, y a Ángel Guerrero, secretario, por su implicación en el proyecto y organización de estos conciertos.

hoy la Politécnica ya cuenta con su propia orquesta, organiza ciclos de conciertos en la sala sinfónica del Auditorio Nacional y su Coro, que goza de merecida fama, celebra su 40 aniversario ofreciendo un concierto de Navidad en esa misma sala.

¡Enhorabuena y que la música no deje de ser cultivada en los campos de la técnica!

Madrid, noviembre de 2023

CONCIERTO BOCCHERINI

1985

(Facsímil)

IV CICLO DE MUSICA CLASICA
de la Universidad Politécnica de Madrid
1985

Primer concierto
PROGRAMA BOCCHERINI

Organiza: ASOCIACION CULTURAL CAMINOS.
Patrocina: Rectorado de la Universidad Politécnica de Madrid
E.T.S. de Ingenieros de Caminos de Madrid,
Colegio de Ingenieros de Caminos

Luigi Boccherini (1743-1805)

GRUPO DE CÁMARA «ESTRO». DEMETRIO BALLESTEROS

Wladimiro MARTIN (Violín).
Francisco MARTIN (Violín).
Emilio NAVIDAD (Viola).
Belén AGUIRRE (Violoncello).
Demetrio BALLESTEROS (Guitarra)

Programa

I

QUINTETO II, en Mi Mayor. Para dos violines, viola, violoncello y guitarra.

1. Maestoso assai.
2. Adagio - Allegretto.
3. POLACA. Tempo di Minuetto.

«LA MUSICA NOTTURNA DI MADRID» (Quintettino op. 30, núm. 6).
Adaptación para cuarteto de cuerda, de Rosario CARRILLO.

1. AVE MARIA. Senza rigor di battuta - Minuetto dei Ciechi.
2. IL ROSARIO. Largo assai, senza rigor di battuta - Allegro.
3. I SPAGNOLI SI DIVERTONO PER LA STRADE. Allegro vivo.
4. RITIRATTA. Maestoso.

II

QUINTETO NUM. 9, en Do Mayor, «LA RITIRATTA DI MADRID», para dos violines, viola, violoncello y guitarra.

1. Allegro maestoso assai.
2. Andantino.
3. Allegretto.
4. «La Ritiratta di Madrid», 12 variazioni - Maestoso e lento.

E.T.S. de Ingenieros de Caminos. — 31 de enero. — 19,30 horas.

NOTAS BIOGRAFICAS

Por: FERNANDO MÍNGUEZ IZAGUIRRE

Nace Luigi Boccherini en Lucca, ciudad de la Toscana italiana el 19 de febrero de 1743. Hijo de un contrabajista que le inculca las primeras nociones musicales, destaca tempranamente como excepcional intérprete del violoncello y a la edad de trece años participa ya en varias funciones públicas. Su padre, pronto se percató de que en Lucca no existía el maestro que su hijo requería y decidió enviarle a Roma para que prosiguiera sus estudios. Del buen aprovechamiento que Luigi hizo de sus clases no hay duda, ya que antes de cumplir los quince años pasó a formar parte, junto con su padre, de la Orquesta del Teatro Imperial de Viena.

Y, sin embargo, a pesar de que su arte mereció elogios incluso del mismo Gluck, parece ser que el atractivo de Lucca era para los Boccherini superior al de la ciudad del Danubio y acabaron por regresar definitivamente a su Italia natal en 1764, después de pasar varios períodos alternativamente en Lucca y Viena.

En el año 1765, fecha en que ya Boccherini había compuesto un número considerable de piezas de música de cámara, contribuyendo con ellas a la creación del nuevo concepto de cuarteto, alejado de la sinfonía de ópera y liberado del bajo continuo, se asoció con Manfredi, Cambini y Nardini, formando el primer cuarteto estable para dar representaciones públicas de que se tiene noticia. Pero esta asociación novedosa no estaba llamada a durar mucho y pronto Boccherini, esta vez acompañado solamente por Manfredi, se lanzó a recorrer varias ciudades del norte de Italia y el mediodía francés, llegando finalmente a París en 1767. En el intermedio todavía tuvo tiempo para poner música a dos oratorios que se estrenaron en Lucca y cuyos libretos eran del ínclito Metastasio.

Tampoco en París permanecieron mucho tiempo los dos músicos, sino que, deslumbrados por el embajador español en aquella ciudad que les prometía un caluroso recibimiento en la corte de Carlos III, se trasladaron a Madrid en 1769. Manfredi entró al servicio de la Real Cámara del Príncipe de Asturias, el futuro Carlos IV, y Boccherini, quizá por la rivalidad de otros músicos italianos de la Real Cámara, se vio obligado a ejercer su profesión libremente hasta que a finales de ese mismo año encontró al Infante don Luis, hermano de Carlos III, el cual le nombró en 1770 compositor y virtuoso de su Cámara. De esta primera época en Madrid son el grupo de cuartetos dedicado «alli Signori Dilettanti di Madrid» y el «Concerto grande a piu stromenti obligati composto in Madrid per la Academie che si fecero nell teatro chiamato de los Caños del Peral», es decir, compuesto para la función que se hizo en el famoso teatro, antecesor del Teatro Real. A partir de 1770 todas sus obras van dedicadas a «il Serenísimo Signor Infante D. Luigi».

Don Luis, que cuando contaba diez años fue nombrado Cardenal y Primado de España, parece ser que con la edad perdió la afición al celibato y renunciando a sus títulos eclesiásticos y afrontando las consecuencias que su decisión podía atraer del Rey y de la Iglesia, contrajo matrimonio morganático con doña Teresa Vallabriga en 1776. Boccherini compuso una serenata para tan señalada ocasión, pero la familia real no acudió a la boda y don Luis y su esposa fueron apartados de la Corte. El músico de Lucca, que había contraído matrimonio con Clementina Pelicha a poco de llegar a España, siguió al Infante a su retiro del Palacio de Arenas de San Pedro en Avila, donde había de permanecer nueve años, llevando consigo a su familia.

Durante el tiempo que permaneció al servicio del Cardenal-Infante, la producción musical de Boccherini fue ingente: multitud de cuartetos y quintetos (forma que fue el primero en utilizar) para diversas combinaciones instrumentales, conciertos. sinfonías, sextetos y otras piezas. De 1771 data el quinteto en mi mayor de la opus XI, cuyo célebre minueto es para muchos la mejor ilustración del estilo galante. De 1780, el quinteto intitulado «**La música nocturna de Madrid**», donde traza un cuadro

Casa nº 22 de la calle de la Madera Alta, donde vivió Quevedo. En la casa nº 18 de esta misma calle vivía Boccherini en 1801.

atractivo y lleno de vida de las calles de la Villa y Corte. Boccherini gustaba de emplear motivos descriptivos y, según sus propias palabras, estampadas al comienzo de una de sus obras, las posibles faltas a las reglas del arte de la composición deben ser perdonadas si ayudan a reflejar mejor la realidad que se quiere retratar.

La fatalidad quiso que el mismo año de 1785 en que murió su primera esposa, falleciera también el Infante don Luis, con lo que el músico luqués se encontró con la necesidad de buscar un nuevo protector. El ejemplo del pionero Mozart, establecido como artista libre en 1781, era difícil de seguir.

Boccherini solicitó del Rey que le mantuviera la pensión de que había disfrutado como compositor y virtuoso de Cámara de don Luis. Carlos III escuchó su petición y en noviembre de 1785 le nombró violoncelista de la Capilla Real con una pensión de 12.000 reales anuales. Sin embargo, este título no supuso un acercamiento de Boccherini a la Corte, no sabemos si por la poca simpatía del Príncipe de Asturias hacia él o por las intrigas de Gaetano Brunetti, violinista de la Real Cámara.

Carlos IV, por Goya. (Detalle de la familia de Carlos IV).

Merece la pena detenerse brevemente a contemplar la personalidad musical de don Carlos IV. Educado en Nápoles, ciudad que vivía el siglo XVIII inmersa en actividades musicales, tanto operísticas como instrumentales, pasó allí su niñez y adolescencia, iniciándose en el estudio del violín. El virtuosismo que adquiriera en el manejo de este instrumento es una incógnita, pues el hecho, tomado como prueba de su capacidad por algunos, de que ciertos compositores le dedicaran más adelante varias sonatas para su uso exclusivo, pudo ser sencillamente una deferencia. Se cuenta en relación con este punto que, encontrándose en cierta ocasión don Carlos interpretando la parte del segundo violín de un cuarteto, no respetaba los compases de espera que figuraban en la partitura. Al llamarle la atención sobre ello el violinista-director Alexander Boucher, contestó sin vacilar «el Rey no espera a nadie».

En cualquier caso, el interés de don Carlos por la música es innegable y buena prueba de ello es que, a poco de venir a España con su padre, creó la «Real Cámara de Música de Instrumentos de Arco de la Corte de España» y consiguió que Carlos III apoyara la venida a Madrid de renom-

brados artistas italianos, como Gaetano y Francesco Brunetti, Cristobal
Andreozzi, Manfredi y el propio Boccherini.

Algo más le debemos al Príncipe Carlos: en 1775, enterado de la exis-

Antigua iglesia de S. Justo, hoy basílica pontificia de S. Miguel en cuya cripta se enterró a Boccherini. En la parte superior de la fachada, se aprecia el escudo del Cardenal-Infante don Luis de Borbón.

tencia de un conjunto de Stradivarius construidos a finales del siglo XVII expresamente para la Corte de España, encarga al P. Brambilla que lo compre. Su gestión tiene éxito y el conjunto de violines, violas y bajo, decorados primorosamente con ébano y marfil, que Carlos II quizá no tuvo energía suficiente para reclamar, llegan al Palacio Real de Madrid. Posteriormente ya se encargaría José Bonaparte de tomar consigo algunos ejemplares de este conjunto para que le acompañaran en su obligado viaje de regreso a Francia.

Pero, ¿qué podemos decir de las relaciones del Príncipe con Boccherini? Cuenta Castil-Blaze, biógrafo del violinista Alexander Boucher, señalado ya anteriormente como violinista al servicio de la Real Cámara, que un buen día el Infante don Luis acudió a visitar a su sobrino el Príncipe Carlos, con la intención de que éste conociera la música del maestro italiano. El propio príncipe se hizo cargo del primer violín, pero al llegar a un pasaje en que eran los demás instrumentos los que desarrollaban el tema sobre una base repetitiva que mantenía el primer violín, comenzó a burlarse, paró de tocar y calificó esa música de falta de imaginación y propia de un principiante. Señor, contestó Boccherini, no se debe juzgar tan ligeramente una composición sino que antes hay que intentar comprenderla. La ira se apoderó del Príncipe y agarrando a Boccherini de la casaca lo levantó en vilo y de este modo le mantuvo en suspenso fuera de una ventana, hasta que las súplicas de la Princesa le hicieron contentarse con expulsar a Boccherini de Palacio.

La anécdota no parece encajar muy bien con el carácter de Carlos IV y quizá el propio Boccherini se excedió en su respuesta, pues, según se desprende de otros testimonios, no gustaba de reservarse sus opiniones y las expresaba abiertamente. A pesar de todo, un hecho cierto es que cuando Carlos IV sucedió a su padre, mantuvo a Boccherini la pensión que aquél le había concedido.

Poco tiempo pasó desde la muerte del Infante don Luis hasta que Boccherini encontró nuevo protector. En 1786, Federico Guillermo, Príncipe de Prusia que ese mismo año subiría al trono de su país, le nombra Compositor de Cámara del Rey de Prusia con una pensión de mil escudos anuales. Boccherini le había enviado tres años antes varias obras dedicadas, por medio de su embajador en Madrid, y el Príncipe había quedado gratamente impresionado. Como consecuencia de este nombramiento, la mayor parte de las obras de su abundante producción musical en los años sucesivos va dedicada a «S. M. il Re di Prussia».

Pero también en la vida madrileña ocupó su lugar Luigi Boccherini. El ambiente cultural de los ilustrados con sus tertulias y sus reuniones musicales se prestaba a ello. El duque de Osuna y el duque de Alba se disputaban las obras de Haydn, sus bibliotecas musicales eran asaz completas y las academias musicales frecuentaban sus salones. Boccherini es contratado en 1786 para dirigir la orquesta del duque de Osuna, lo cual le permite relacionarse con otros artistas como Goya, Ramón de la Cruz, Moratín, Blas de Laserna, etc., que también concurrían asiduamente en la casa de Osuna-Benavente. La esposa del duque, la condesa-duquesa de Benavente, muy amante de las artes, había dispuesto en su casa de la Cuesta de la Vega un «teatrillo» para el que varios autores escribieron expresamente algunas piezas, entre ellos Iriarte y Ramón de la Cruz. Con libreto de este último, protegido de la condesa-duquesa, compuso Boccherini su única ópera, «La Clementina», que vio representar aquel mismo año de 1786 en el teatrillo.

Se abre a continuación un período desconocido de su vida. Unido en segundas nupcias con Joaquina Porreti en 1787, su nombre desaparece

Busto de Luigi Boccherini, en la glorieta de su nombre, regalo de la ciudad de Lucca a la Villa de Madrid.

de los archivos de la condesa-duquesa de Benavente y no se ha podido aclarar de forma fehaciente si en los años siguientes viajó por Europa o permaneció todo el tiempo en Madrid, ya que se carece de información documental verdaderamente fiable. Le encontramos de nuevo en Madrid en 1797, escribiendo a sus editores, especialmente a Ignaz Pleyel de París, el cual aprovechaba las malas comunicaciones entre las dos capitales para pagar a Boccherini mal y tarde. Digamos que, según el catálogo elaborado por el propio músico, sólo una de sus obras fue editada en Madrid, teniendo que enviar el resto a París, Viena, Amsterdam, Bolonia y Lyon ante la carencia de una verdadera editorial española de música, con independencia de que él tuviera gran interés en dar a conocer su obra en toda Europa.

Un acontecimiento vino a alterar la economía de Boccherini en 1798: Federico Guillermo III de Prusia, sucesor de Federico Guillermo II, le retira la pensión que éste le había concedido como compositor de su Cámara y que venía disfrutando desde hacía once años. En esta situación, aunque todavía conservaba la pensión de primer violoncelista de la Capilla Real Española que como ya hemos indicado Carlos IV le siguió manteniendo hasta el fin de sus días, los 12.000 reales devaluados agradecerían la compañía de los ingresos que percibió por escribir una serie **de quintetos con guitarra,** encargo que todos sus biógrafos atribuyen a un inexistente marqués de Benavente. Los seis primeros quintetos de esta serie fueron escritos en 1798 y los seis restantes en 1799, siendo todos ellos arreglos de quintetos anteriores escritos para otras combinaciones instrumentales, principalmente de varios quintetos con piano. Por ejemplo, el quinteto en do mayor llamado **«La ritirata di Madrid»** utiliza el quinteto con piano en do mayor de 1797 y el quinteto para cuerdas de 1780, «La música nocturna de Madrid».

Animado en 1799 por las críticas favorables a su música, publicadas por profesores franceses, dedica un conjunto de quintetos con piano a la nación francesa y a raíz de ello se le ofrece un puesto en el Conservatorio de París. Boccherini rehúsa el ofrecimiento, quizá por estar ya fuertemente arraigado en Madrid, su ciudad adoptiva. Su fama en la capital francesa debió llegar a oídos de Lucien Bonaparte, que cuando en 1800 viene como embajador a España encarga a Boccherini la organización de los conciertos que ofrecería en su casa a lo más florido de la sociedad española. Boccherini le dedica varias obras, entre ellas un Stabat Mater, pero al abandonar Bonaparte Madrid en 1802, intenta atraer la atención de un nuevo protector y dedica una Cantata de Navidad al Emperador de Rusia.

Su iniciativa no tiene éxito y además, con pocos días de diferencia, mueren sus hijas Mariana e Isabel, víctimas de una epidemia. Son estos años duros para el músico que según Mᵐᵉ Gail, pianista francesa qe le visita en Madrid, ocupaba entonces con su familia una casa de un solo cuarto y para poder trabajar sin que el ruido le disturbara se había construido un altillo de madera al cual subía por medio de una escalera de mano.

El año 1804 mueren su esposa Joaquina y su hija Mᵃ Teresa, sumándose a su salud siempre débil un estado de ánimo minado por las desgracias familiares. Falleció el 28 de mayo de 1805, siendo enterrado en la iglesia de San Justo, iglesia que había mandado construir y costeado en gran parte su protector el Cardenal-Infante don Luis de Borbón. A pesar de que en vida Boccherini no quiso abandonar Madrid, en 1927 sus restos se enviaron a Lucca, en cuya Basílica de San Francisco se conservan actualmente.

Del músico existe en Madrid hoy en día, un busto en bronce regalo de la ciudad de Lucca y una lápida conmemorativa colocada (en lugar erróneo por cierto *) con motivo del 150 aniversario de su muerte en la calle Jesús y María, cuyo texto reza:

En esta casa vivió y murió
Luigi Boccherini
músico insigne
Aquí compuso admirables obras
de raíz italiana y ambiente madrileño
——————— o ———————
En el CL aniversario de su muerte
1805-1955
Lucca y Madrid
Fraternalmente unidas
le ofrecen este recuerdo

(*) Según consta en la partida de defunción, Boccherini falleció en la calle Jesús y María, casa número cinco. En aquellas fechas (1805) existían en Madrid tres calles con ese nombre: una, la que actualmente tiene dicha denominación; otra, la actual calle Almadén, y, por último, un tramo de la que hoy se llama calle de Belén. Así aparece en los planos de Juan Francisco González de 1775, en los de Fausto Martínez de la Torre y Josef Asensio de 1800, y aun en el Manual de Madrid de Mesonero Romanos de 1831 y ediciones posteriores.

Por otra parte, el sistema de numeración de las casas no era entonces el mismo que hoy utilizamos. El sistema antiguo se implantó durante el reinado de Fernando VI, en 1749, cuando se decidió inventariar todas las casas de Madrid con objeto de facilitar el control de la Regalía de Aposento. Consistía en asignar un número a cada manzana y, dentro de ella, otro número a cada casa. Ocurría así que en una calle podía repetirse varias veces el mismo número. El sistema moderno de colocar los pares a la derecha y los impares a la izquierda fue adoptado en 1835, siendo corregidor el marqués viudo de Pontejos, después de que Mesonero Romanos propusiera la reforma en su Manual de Madrid.

Esto viene a cuento de que de las cuatro casas de la calle Jesús y María del barrio de la Comadre (actual Jesús y María) que tenían el número cinco en 1805, ninguna coincide con la casa donde se ha colocado la lápida conmemorativa, pudiendo corroborarse con los azulejos indicadores todavía existentes en la manzana.

La actual calle de Belén hay que descartarla como lugar donde estuviera la casa de Boccherini, ya que en 1805 no tenía ningún número cinco. Queda, sin embargo, la posibilidad de la actual calle Almadén, precisamente en el barrio literario y próxima a la casa de Moratín.

Demetrio Ballesteros

Nació en Ajofrín (Toledo), ingresó en el Real Conservatorio Superior de Música de Madrid a la edad de quince años. Estudió Solfeo, Armonía, Contrapunto, Historia y Estética, simultaneándolos con los de Guitarra.

Terminó con brillantez sus estudios, dando comienzo muy pronto su carrera de concertista.

Ha tocado en Francia, Portugal, en varios países de Europa, así como en las Universidades de Minnesota, Dakota Norte, Kansas y Chicago (U.S.A.) y en casi toda la geografía española.

Escuchado por Andrés Segovia, obtuvo beca para asistir a los Cursos Internacionales de «Música en Compostela», donde tuvo ocasión de depurar su técnica con José Tomás.

Fue galardonado en el Concurso Internacional «Francisco Tárrega».

Ha colaborado en T.V.E. dentro de los espacios «Musical», «Poesía e Imagen» y el «Mundo de la Música», realizando diversas grabaciones discográficas.

Actualmente figura como catedrático de guitarra del Real Conservatorio Superior de Música de Madrid, labor pedagógica que combina con los Cursos Internacionales de Verano.

Wladimiro Martín Díaz

Se inició en la música a los ocho años, teniendo como primer maestro de solfeo y violín a su padre.

Terminó su carrera en el Real Conservatorio de Madrid, obteniendo Diploma de Primera Clase y «Premio Sarasate».

Es Profesor de la Orquesta Nacional desde 1957, en la que ingresó por oposición, y desde 1961, profesor numerario de violín (también por oposición) del Real Conservatorio Superior de Música de Madrid.

En 1964 es contratado por la S.A.B.C. (South African Broadcasting Corporation), y se traslada a Johannesburg, donde realiza una intensa labor solista de conciertos, recitales y grabaciones para la Radio. Actúa periódicamente con las orquestas Sinfónicas de la S.A.B.C. y Municipal de Durban.

En 1967 regresa a España reintegrándose a sus clases en el Real Conservatorio. Realiza estudios analíticos de los principales métodos para violín y de obras tan importantes como las Diez Sonatas para violín y piano de

Beethoven, las Sonatas y Partitas para violín solo de J. B. Bach, los 24 Caprichos de Paganini. Estas dos últimas obras las interpretó en 1969 y 1971, respectivamente, en versión íntegra por primera vez en Madrid, en ciclos de conferencias-conciertos.

Alterna su labor docente y de concertista con trabajos de investigación sobre técnica e interpretación del violín. En 1971 se le concede, por la Fundación Juan March, una Beca de investigación en España para realizar un método aplicado al violín sobre el «estudio analítico-dinámico del arco», trabajo publicado por la Editorial Alpuerto de Madrid y la propia Fundación.

Es actualmente profesor (en excedencia voluntaria) de la Orquesta Nacional, Profesor titulado de Viola, Concertino Solista de la Orquesta Filarmónica y Catedrático de Violín del Real Conservatorio Superior de Música de Madrid.

Francisco Martín

Nace en Madrid, ciudad donde realiza sus estudios musicales con su padre y posteriormente con su hermano Wladimiro.

En el año 1976 obtuvo el «Premio Sarasate» y el Primer Premio Absoluto del Concurso Nacional de Violín de la ciudad de Tarragona consistente en un violín de marca «Egidius Kloz».

En 1970 fue seleccionado para representar a España en el XXIV Congreso Mundial de Juventudes Musicales.

En el año 1974 es becado por la dotación de Arte Castell-Blanch para realizar estudios de perfeccionamiento en el Real Conservatorio de Bruselas con Agustín León Ara.

Durante los cursos de 1975-1976 asiste a la Academia Internationale de Musique Maurice Ravel bajo la dirección de Christian Ferras, participando en conciertos y recitales. Asiste a diversos cursos y festivales internacionales.

Participa como solista en el Festival de Música Antigua «Antonio de Cabezón», «I Festival de Música Guatemalteca Contemporánea», «Festival de Música Francesa del Siglo XX», «II Festival de América y España».

Ha estrenado diversas obras de autores contemporáneos, varias compuestas especialmente para él.

Es miembro del cuarteto Renacimiento y del grupo L. I. M. (Laboratorio de interpretación Musical) con los que ha grabado en varias casas discográficas.

En 1976 ingresa por oposición en la Orquesta Nacional de España y en el año 1978 es nombrado Profesor de Violín del Real Conservatorio Superior de Música de Madrid.

Emilio Navidad

Natural de León, estudia violín, viola y armonía con su padre, profesor del Conservatorio de Valladolid, obteniendo Premio Fin de Carrera. Amplía sus estudios de viola con el eminente profesor Francois Broos en el Conservatorio Nacional de Lisboa, estudiando también Viola de Amore.

Colabora artísticamente en los Cursos Internacionales de Santiago de Compostela y de Granada.

Premio Ruiz Morales en Música de Cámara, así como Mención de Honor en el Concurso Internacional de Arco de Granada en el año 1979.

Entre otras agrupaciones, ha pertenecido a la Stavanger Radio Orkesteret (Noruega), Orquesta Sinfónica de la R.T.V.E. y Grupo Koan. Actualmente es miembro del Grupo de Cámara de Madrid y de la Orquesta Nacional de España, de la que es Viola Solista.

Ha actuado en numerosas ocasiones como Solista, tanto con piano como con Orquesta. Recientemente ha sido elegido para actuar en el Teatro Real de Madrid como Solista en la Sinfonía Concertante para Violín y Viola de W. A. Mozart.

Belén Aguirre

Nacida en San Sebastián, cursó sus estudios de Piano, Armonía y Violoncello con José María Iraola, Francisco Escudero, Elías Arizcuren y Pedro Corostola, obteniendo el Primer Premio de Fin de Carrera.

En el año 1963 fue becada por la Academia de Niza para estudiar con André Navarra.

Ese mismo año marchó a Suiza, para trabajar con Marcial Cervera. Más tarde con Rolf Löser y Walter Grimmer, y Música de Cámara con Richard Stutzenegger. Durante el período 1963-1970 fue Profesora del Conservatorio de Brig y miembro de la Orquesta de Berna. En Suiza ha dado varios conciertos como solista y en grupos de Cámara.

En 1970 ingresó en la Orquesta Nacional de España, en la cual permanece en la actualidad.

También es componente del Grupo Lim y el Cuarteto «Renacimiento», con los que ha grabado en varias casas discográficas.

Próximos conciertos

21 de Febrero   VIOLONCELLO-PIANO, DEL S. XVIII AL XX
Dúo Cuesta-Mejías.
Obras de Haendel, Schumann, Brahms y Nin.

21 de Marzo.   J. S. BACH-BARROCO ESPAÑOL
La Stravaganza (conjunto de instrumentos barrocos).

25 de Abril.   POLIFONIA SACRA Y PROFANA DE LOS SIGLOS XV Y XVI
Coro de la Universidad Politécnica de Madrid. Director: José de Felipe Arnáiz.

23 de Mayo.   EL CLASICISMO VIENES
Orquesta Nova Schola Pratensis.
Director: Abilio Blázquez.

ÚLTIMA VIVIENDA DE

BOCCHERINI EN MADRID

1805

DOS PUNTUALIZACIONES SOBRE LAS VIVIENDAS MADRILEÑAS DE LUIGI BOCCHERINI

JAIME TORTELLA

Preámbulo

Hace ya 23 años que José Antonio Boccherini y quien firma estas páginas publicamos un artículo en la *Revista de Musicología*, acerca de las viviendas madrileñas de Luigi Boccherini.[1] Quedó entonces alguna incógnita y se adelantó alguna hipótesis sin una completa confirmación, a pesar de que se fijó con bastante precisión el itinerario habitacional de las familias Boccherini-Pellicia y Boccherini-Porreti, antes y después de la estancia, de 8 o 9 años, en Arenas de San Pedro, es decir, en los periodos 1770-1776 y 1785-1805.

Hoy, por fortuna, tras más de dos décadas de esfuerzo y dedicación, las investigaciones boccherinianas han ido dando abundantes frutos, en todos los terrenos, tanto el biográfico como el musicológico, y es de rigor ir actualizando la información a través de los distintos medios disponibles, como es, en este caso, la presente colección de *Estudios Musicales del Clasicismo*.

Así, sobre las viviendas de Boccherini en Madrid, queremos aportar estas puntualizaciones referentes a dos de esas viviendas del periodo posterior a Arenas, la primera y la última, tras el regreso a la Villa y Corte como consecuencia de la muerte del infante don Luis de Borbón, en agosto de 1785 y después de tener que esperar dos meses a la autorización por parte del rey, Carlos III. Esas primera y última viviendas se mencionaban en el artículo del año 2001, con las señas siguientes:

- Plazuela de San Ginés, nº 21, y
- Calle de Jesús y María, nº 5, del barrio de Lavapiés.

Aquí vamos a puntualizar sobre la primera y a proponer una nueva hipótesis (más) plausible, sobre la segunda.

---

[1] BOCCHERINI, J. A. y TORTELLA, J.: "Las viviendas madrileñas de Luigi Boccherini. Una laguna biográfica". En aquel entonces, año 2001, calificar la cuestión de "laguna biográfica" parecía adecuado; hoy ya no, si bien las 'dos puntualizaciones' contenidas en este artículo sí que resultan necesarias y, aunque tenemos que lamentar el reciente fallecimiento de José Antonio Boccherini, creo poder afirmar que él habría estado de acuerdo conmigo.

1ª Puntualización: Sobre la vivienda de 1785 a 1786-87

El estudio de nuestro compañero José Antonio Rufete sobre el expediente matrimonial de Boccherini con Mª Pilar Joaquina Porreti (ver páginas 1-44, *supra*), muestra que, en nuestro artículo de la *Revista de Musicología*, del año 2001, caímos en el error consistente en considerar que todo el espacio urbano que se abre a espaldas de la parroquia de San Ginés constaba, a finales del siglo XVIII, como Plazuela de San Ginés, cuando lo cierto es que ese nombre sólo correspondía a la zona aproximadamente cuadrada desde el quiebro de casi 270° de la calle de los Coloreros hasta la calle de Bordadores (ver la zona del plano donde se lee "Pl. y". La otra parte de ese mismo espacio urbano, donde dice "pasa-[dizo]", pertenece a la calle de los Coloreros).

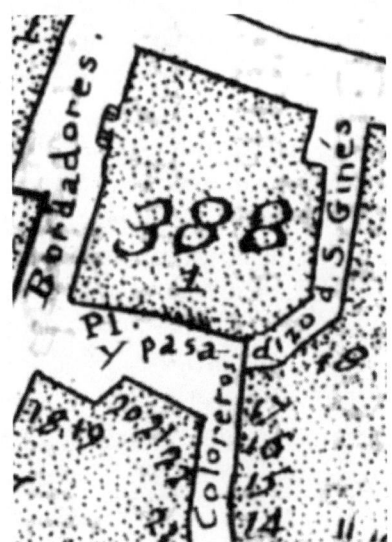

Detalle del Bario de San Ginés con la manzana "388" que debería ser parte de la 387, donde se ubica la parroquia de San Ginés (GONZÁLEZ, F.: *Madrid dividido en ocho quarteles*)

Por otro lado, el archivo de la parroquia de San Ginés registró que los Boccherini (padre, hijos y dos personas más, sirvientas, probablemente) estaban viviendo en esos años 85-86, en el número 21 del inmueble que constituye la esquina donde Coloreros hace un ángulo; sin embargo, el expediente matrimonial Boccherini-Porreti indica claramente que se trataba del numero 22, es decir, del portal contiguo.

¿Por qué esa discrepancia?

No disponemos de una explicación cabal, pero no nos cabe duda de que el expediente es más fiable que el registro parroquial, ya que dicho expediente responde a lo que el propio Boccherini declaró y firmó ante el notario don Nicolas de la Fuente.[2]

Por tanto, nuestra primera puntualización se concreta afirmando ahora que los Boccherini habitaron en la calle de los Coloreros, nº 22, al regresar de Arenas, en otoño de 1785 (no en la Plazuela de San Gines nº 21), y que ocuparon esa vivienda hasta finales de 1786 o muy principios de 1787, trasladándose a la calle de la Madera Alta, nº 18, antes de que Luigi contragera segundas nupcias con Mª del Pilar Joaquina Porreti, de acuerdo con el estudio de J. A. Rufete.

2ª Puntualización: Sobre la última vivienda, 1803?-1805

La polémica sobre esa última residencia del compositor arranca del acta de defunción, donde se indicaba que el músico falleció mientras vivía en la calle Jesús y Maria, número 5:

V^do

D^n Luis Bocherini nat^l de la ciudad de Luca Cabeza de su Arzobispado en la Toscana, Vezino de esta Corte, Viudo en primeras nupcias de Dª Clementina Pelicha, y en segundas de Dª Maria del Pilar Joaq^na Porreti murio en veinte y ocho de Mayo de mill ochocientos y cinco Calle jesus maria casa numero cinco. Recivio los

Testó

Santos Sacram^tos, testo en seis de Sep^re de mill setecientos noventa y nueve ante Ant^o Mart^nz Llorente esc^n de S. M. Dejó por su Alma cincuenta Misas rezadas con limosna de quatro rr^l. Nombró por sus testamentarios a su difunta Muger d^a Maria del Pilar Joaquina Porreti a d^n Luis Marcos y d^n Josef Mariano Bocherini sus hijos, y por herederos a los dhos D^n Luis, D^n Josef, y a Dª Mar^a Teresa, Dª Mariana, y Dª Isabel Bocherini y Pelicha, sus hijas, y de la referida Dª Clementina Pelicha, se enterro en esta de San Justo, y dio a su fabrica treinta y tres r^l y lo firmé

D^n Dom^o Herrera (rúbrica) [3]

---

[2] Fol. 2 del expediente (p. 24 de este volumen).

[3] APSJ-APMSJP: Libro 29 de difuntos de San Justo, fol. 86, vto.: fallecimiento de Luigi Boccherini, 28 de Mayo de 1805.

De las numerosas viviendas madrileñas en las que residió Boccherini, esta última es quizá la que ha suscitado más controversias, en gran parte debido a que siempre se la ha vinculado con el supuesto estado de casi indigencia en el que se encontraba el músico al morir, el 28 de mayo de 1805, un supuesto falso, alimentado por un relato, también falso, en torno a la visita (cierta) que recibió en 1803 de la pianista, compositora y cantante francesa, Sophie Gail. La parte inverosímil del relato (con detalles simplemente irrisorios que no hacen al caso aquí), la pergeñó el musicólogo belga François Fétis, sin ninguna base sólida más que su propia imaginación, aprovechando que Gail había sido discípula suya.[4]

Pero siendo así que, en el Madrid de inicios del siglo XIX, el sistema de numeración de los portales era completamente distinto al actual,[5] y que las calles podían tener repetidos los números de los portales, un número 5 de entonces (de los varios que podía haber) no tenía por qué coincidir con el único número 5 actual. Si a esta circunstancia le añadimos el hecho de que en la Villa y Corte hubiera, a la sazón, tres calles con el mismo nombre de Jesús y María, la ambigüedad sobre esa última vivienda es máxima.

Por tanto, no basta con consultar el callejero actual y concluir que se trataba del nº 5 (actual) de la calle Jesús y María (actual), del barrio de Lavapiés, como se hizo en 1955, al conmemorar el 150 aniversario de la muerte del maestro. Aquel año, los ayuntamientos de Lucca y de Madrid, carentes ambos de criterio histórico, lo ignoraban todo acerca de la *Planimetría General de Madrid* e instalaron una placa en la fachada del actual número 5 de la única calle actual con el nombre de Jesús y María, lo cual fue un error de presentismo, que persiste tozudamente a día de hoy.[6]

---

[4] Sobre la fabulación Fétis-Gail-Boccherini y su desmentido, véase Gérard, Y.: "Luigi Boccherini and Madame Sophie Gail".

[5] La peculiar numeración de portales implantada por la *Planimetría General de Madrid* no se hizo por calles (como en la actualidad), sino a lo largo del perímetro de las manzanas, lo que generaba duplicaciones de números en una misma calle. Hoy, al asignar números pares a la derecha e impares a la izquierda, no hay duplicidad. No nos cansaremos de insistir en que las dos placas dedicadas a Boccherini de las que tenemos noticia en Madrid, ésta de Jesús y María y la de la calle de la Madera, no están en ninguna de las casas en las que vivió el músico, y, para más bochorno, el texto de la de la Madera es el colmo del disparate. Pero esa es 'harina de otro costal'.

[6] El alcalde de Madrid era entonces el conde de Mayalde, José María Finat y Escrivá de Romaní, que lo fue de 1952 a 1965.

Bajo estas líneas puede verse la imagen de la placa que se clavó erróneamente en la fachada del actual n° 5 de la actual calle de Jesús y María, en el barrio de Lavapíes, y que sigue incólume a día de hoy.

Con esos antecedentes, en nuestro artículo del año 2001 en la *Revista de Musicología*, obviamente, dedicamos un epígrafe especial a la última vivienda del compositor, la de Jesús y María, con cierta cautela, pero adoptando una presunción que hoy parece inadecuada. ¿Por qué inadecuada?

La respuesta a esa pregunta y el consiguiente 'mea culpa', es el objeto central de esta segunda puntualización, con carácter de hipótesis más plausible, suscitada por la nota final del programa de mano reproducido en este mismo volumen, en la página 70. Dicha nota dice, en parte, lo siguiente:

(*) Según consta en la partida de defunción, Boccherini falleció en la calle Jesús y María, casa número cinco. En aquellas fechas (1805) existían en Madrid tres calles con ese nombre: una, la que actualmente tiene dicha denominación; otra, la actual calle Almadén, y, por último, un tramo de la que hoy se llama calle de Belén. Así aparece en los planos de Juan Francisco González de 1775, en los de Fausto Martínez de la Torre y Josef Asensio de 1800, y aun en el Manual de Madrid de Mesonero Romaros de 1831 y ediciones posteriores.

Lo sorprendente es que, salvo que la calle ahora llamada Almadén antes era la calle de Fúcar, este fragmento de la nota es muy similar a otro de aquel artículo de la *Revista de Musicología* (p. 167) que muestra cómo, entonces, no valoramos acertadamente la terna de calles Jesús y María:

> (…) *a pesar de que, en la segunda mitad del siglo XVIII, había en Madrid tres calles con ese mismo nombre: a) la que hoy se sigue llamando Jesús y María, en el barrio de Lavapiés; b) el primer tramo de la que actualmente se llama calle de Belén, próxima a la plaza de Alonso Martínez; y c) la que actualmente es la calle de Fúcar, bocacalle de la de Atocha; el acta de defunción del músico permite asegurar que, en 1805, vivía en la primera, o sea la que nace en la de la Merced (hoy plaza de Tirso de Molina) y converge con la calle Ancha de Lavapiés.*

y no lo valoramos acertadamente ya que lo cierto es que NADA PERMITE la inferencia de que Boccherini viviera, precisamente, en la actual calle Jesús y María, en Lavapiés, tal como se lee en el párrafo final, que hemos subrayado,

Por el contrario, la lectura de la citada nota del programa de mano induce a valorar mejor el hecho de que el acta de defunción se limite a mencionar escuetamente: *Calle jesus maria casa numero cinco*, sin añadir el número de la manzana, que sería el dato que permitiría fijar de cuál de las tres calles Jesus y María se trataba.

Lo que sí era posible era descartar una de esas tres calles,[7] pero quedaban las otras dos y, a día de hoy, NO HAY NINGÚN DATO documental ni biográfico que permita optar por una u otra: la del Barrio de Lavapiés, o la que hoy es la calle Almadén (con algún cambio urbanístico sólo de relativa importancia). Sí podemos, en cambio, emprender aquí el análisis que NO EMPRENDIMOS el año 2001, y emitir una nueva hipótesis plausible.

Antecedentes: Las mudanzas de los Boccherini tras la vuelta a Madrid

Tras vivir en la calle de Coloreros algo más de un año, Boccherini, su segunda esposa Maria del Pilar Joaquina Porreti y su familia se mudaron, a finales de 1786, a la calle de la Madera Alta, nº 18, en el barrio de S. Ildefonso. En esa casa fallecerían dos de las hijas del primer matrimonio, Joaquina y Mariana, quedando tan sólo cuatro vástagos: Luis Marcos, Joseph Mariano, Teresa e Isabel. También en esa casa, en 1799, Boccherini firmó su último testamento, registrado en el margen del acta de defunción con la palabra "Testó".

Al fallecer Mariana, en el verano de 1802, ese mismo año o el siguiente, la familia pasó a vivir en una casa de la calle del Prado, de la que desconocemos el número.[8] En esa vivienda, en noviembre del mismo año 1802, falleció

---

[7] En concreto, la actual calle Belén que, como expondremos con detalle, es evidente que no era donde residía Boccherini al morir.

[8] Los dos hijos varones, Luis Marcos y Joseph Mariano, vivían ya emancipados.

Isabel y, en 1804 la familia ya se había mudado a la calle de Jesús y María, donde se registró la muerte de Teresa, durante el verano de ese mismo año. En esa vivienda (sobre la que se proyectan las dudas), fallecería, en enero de 1805, la segunda esposa del músico, Pilar Joaquina, así como el propio Boccherini, en el mes de mayo siguiente.

A la vista del plano siguiente, en el que hemos destacado en rojo los puntos de las tres calles Jesús y María, muy distantes entre sí, que podrían haber sido el último domicilio de los Boccherini, vamos a analizar los datos de que disponemos para poder emitir una hipótesis plausible.

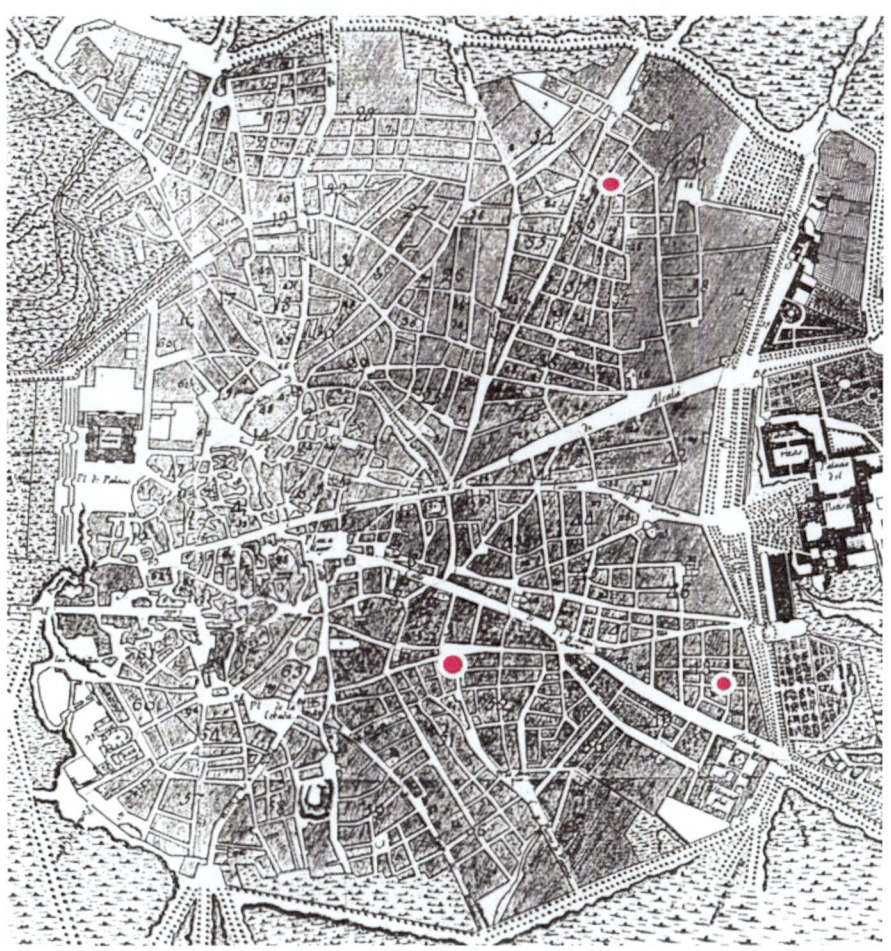

Fausto Martínez de la Torre: *Plano geométrico de Madrid demostrado con los 64 barrios en que está dividido,* **1800**

Las tres calles Jesús y María

A) Barrio de las Monjas Mercedarias [sic Mercenar.ˢ] Descalzas
Calle Jesús y María/Belén (hoy solamente Belén)

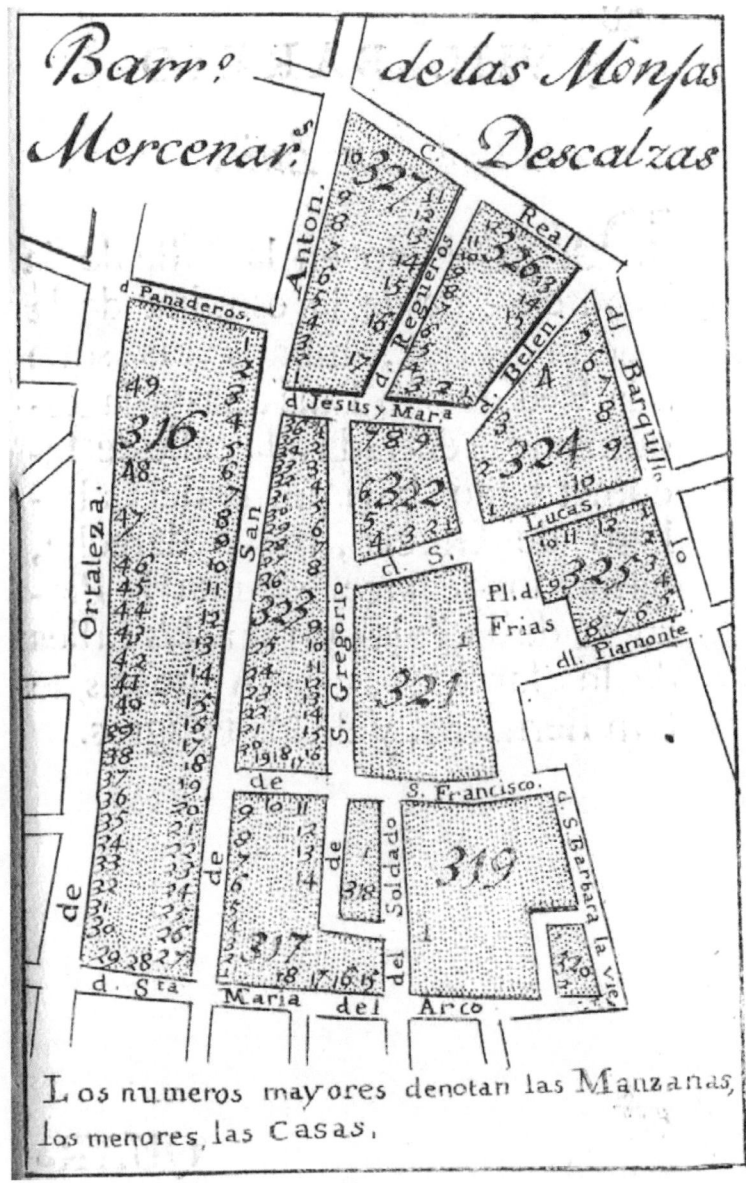

GONZÁLEZ, F.: *Madrid dividido en ocho quarteles*, p. 76

Se trataba de una calle muy corta que hacía ángulo con la calle Belén de entonces, que sigue hoy llamándose Belén y que, por tanto, ha 'absorbido' a la de Jesús y María de entonces.

Ampliando el área, comprobamos que ninguna de las manzanas correspondientes a Jesús y María tenía ningún portal con el número 5 en dicha calle, por tanto, podemos descartar con toda seguridad que Boccherini viviera en una casa de esa calle al morir.

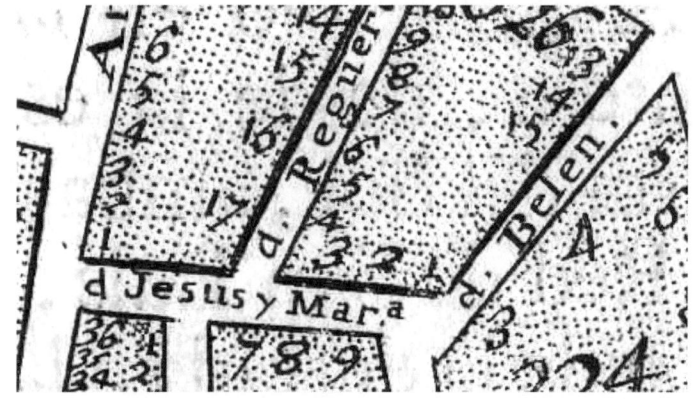

Calles Jesús y María – Belén (detalle)

B) Barrio de La Comadre
Calle Jesús y María (hoy la única que conserva ese nombre)

En esta calle del barrio de La Comadre (hoy Lavapiés), que es la que tradicionalmente se ha considerado que era donde vivía Boccherini, vemos en la página siguiente, en el plano del barrio, que la calle Jesús y María tenía cinco números 5 (ninguno de los cuales coincide con el número 5 actual, Manzana 11, que es donde se instaló aquella placa conmemorativa, el año 1955, en presencia impertérrita del alcalde Mayalde). Por consiguiente, no puede establecerse si Boccherini vivía en una de esas cinco casas número 5 y lo único que nos queda es remitir al lector al análisis que hicimos en aquel artículo de la *Revista de Musicología*, del año 2001. No obstante, podría ser oportuno recordar que entonces hicimos un seguimiento de los propietarios de los cinco inmuebles posibles, a través del volumen de "Asientos" de la *Planimetría General de Madrid*, y emitimos la hipótesis de que la más alta probabilidad era de que se tratara de la casa que en la actualidad tiene el número 6, en la Manzana 12, más o menos enfrente de la que ostenta la placa conmemorativa,.

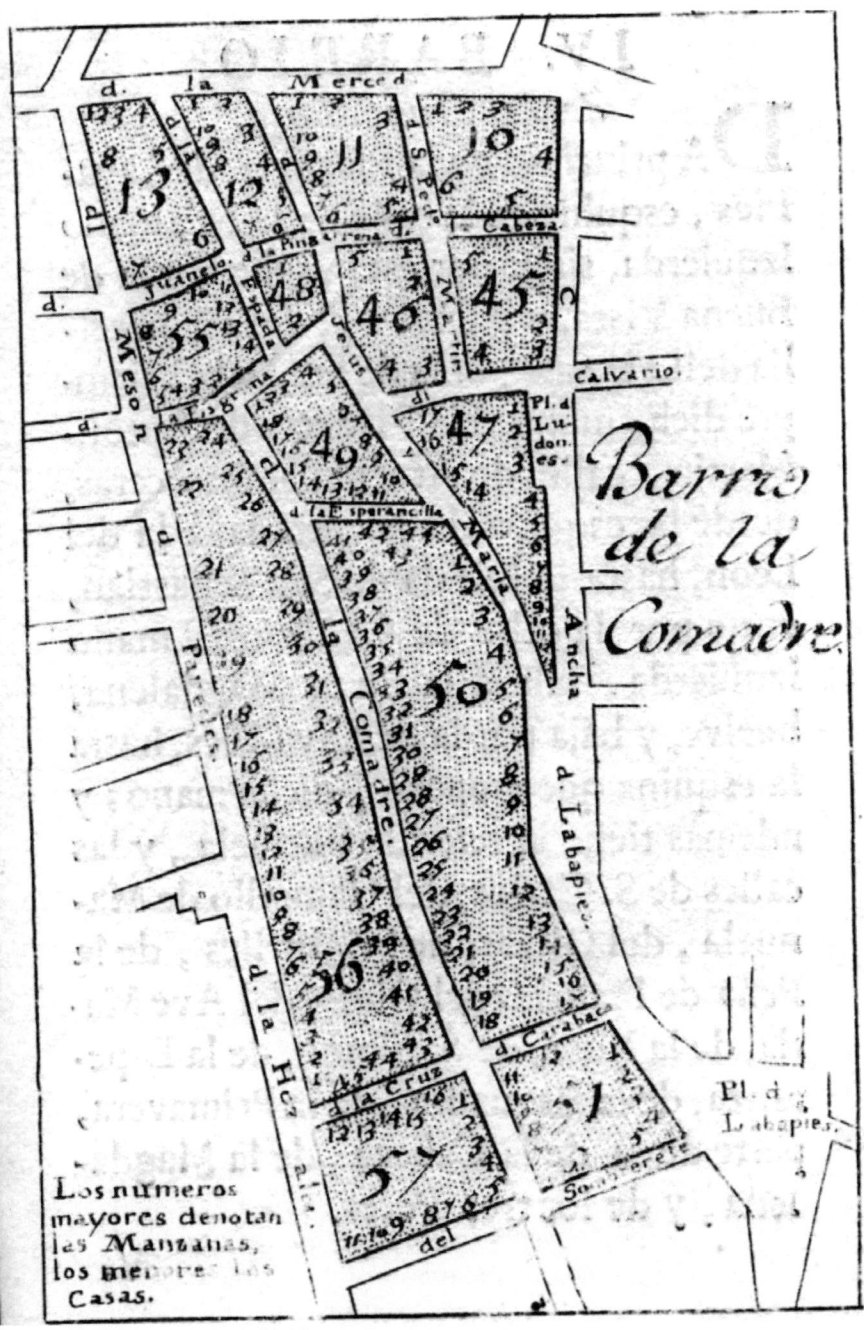

GONZÁLEZ, F.: *Madrid dividido en ocho quarteles*, p. 100

Pero es obvio que entonces descartamos la tercera calle Jesús y María, sin razón lógica aparente, por lo cual vamos a intentar poner remedio a aquella desacertada decisión.

C) Barrio de La Plazuela de San Juan
Calle Jesús y María (hoy calle Almadén)

Antes de adentrarnos en el análisis de esta última de las tres calles Jesús y María de la Villa y Corte, en aquella época (objeto central de estas páginas), conviene advertir que seguimos en el terreno de las hipótesis plausibles y que, por tanto, no resulta posible hacer una afirmación taxativa; no obstante, conociendo como conocemos hoy la idiosincrasia del maestro Luigi Boccherini, resulta intuitivamente más lógico pensar que, al abandonar la vivienda de la calle del Prado, se trasladara a esta zona de Madrid, aunque fuera un barrio probablemente 'más caro' que el de Lavapiés, una intuición sugerida o corroborada por la frase final de la nota del programa de mano que aparece reproducida en la página 70 (*supra*) de este volumen, mencionando a Moratín:[9]

Queda, sin embargo, la posibilidad de la actual calle Almadén, precisamente en el barrio literario y próxima a la casa de Moratín.

Veamos la imagen del barrio entero y el detalle de la situación de la 'tercera' calle Jesús y María (hoy Almadén). Como puede verse, dicha calle, a inicios del siglo XIX no llegaba hasta el Paseo del Prado, sino que acababa en la calle de la Redondilla (hoy Cenicero), mientras que la actual Almadén sí que desemboca en dicho paseo (ver plano actual en la página 89, *infra*).[10]

---

[9] Sin duda, se trata de Leandro Fernández de Moratín que, por aquellos años iniciales del siglo XIX, estaba disfrutando de los primeros grandes éxitos en los escenarios madrileños, en particular con *El sí de las niñas*, que había escrito en 1801, inspirándose en el infante don Luis de Borbón y su joven esposa, Maria Teresa Vallabriga, que habían sido patronos de Boccherini durante 15 años, entre 1770 y 1785, hasta el fallecimiento de don Luis. Se entrelazan, por tanto, varias coincidencias.

[10] Antes de llamarse 'Almadén', según Pedro de Répide, se llamó de los Fúcares y, poco después, Travesía del Fúcar: "Hace pocos años ha sido abierta su parte final, de la parte de Ceniceros al Prado...". Dado que Répide dio por acaba su obra en 1925, se podría situar esa modificación urbanística hacia inicios de la década o, incluso, a inicios del siglo XX.

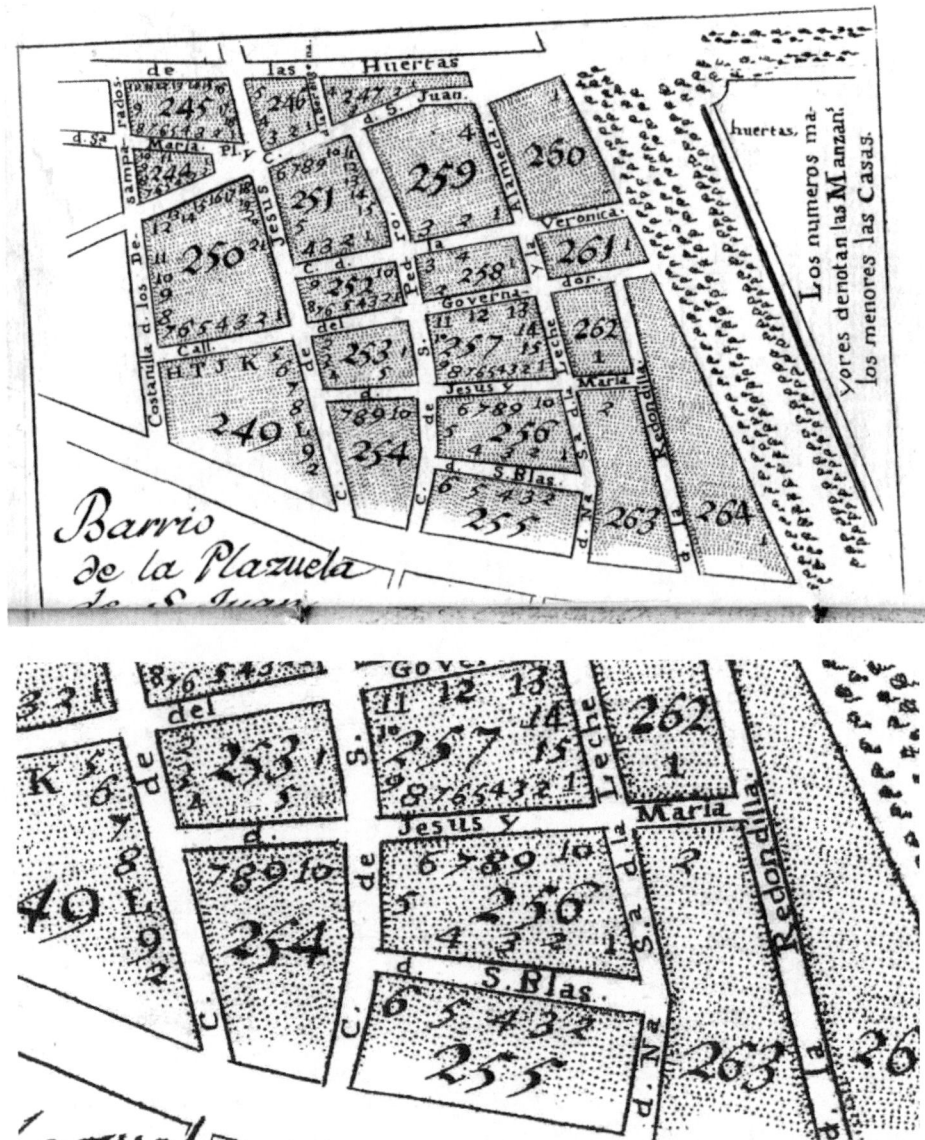

GONZÁLEZ, F.: *Madrid dividido en ocho quarteles*, p. 94

No es sobrante destacar esta apertura hacia el Paseo del Prado, ya que todo el barrio, dominado por la opulenta familia de banqueros alemanes, los Fugger (Fúcar), era lógico que desease conectarse con la zona más 'elegante' y de moda de la capital, donde la alta sociedad paseaba por las tardes, se dejaba ver con sus séquitos y chichisbeos, y se codeaba con lo más granado de la nobleza. Abriendo esa calle Jesús y María (durante un tiempo, llamada Travesía de Fúcar, y hoy Almadén), el barrio de los banqueros que habían venido financiando a la monarquía española desde los inicios del siglo XVI, pasaba a ser parte del 'mejor Madrid', a través, además, de un entorno que había acogido a los más populares representantes de la literatura y de las artes.

Todo ello es muy posible que no fuera ajeno a los deseos de Boccherini de acercarse también a esa zona de la ciudad. ¿Por qué habría de preferir trasladarse desde la calle del Prado al barrio de Lavapiés, que poco tenía que ofrecerle, desde el punto de vista social y artístico?

Con el fin de entender mejor el plano del siglo XVIII, comparado con el de hoy, hemos mostrado la zona en ambas épocas, y, a continuación, ofrecemos una tabla de la evolución del nomenclátor:

Tabla evolutiva del nomenclátor relevante de la zona

SIGLOS XVIII-XIX	SIGLO XIX	ACTUALMENTE
Jesús y María	Trav[a] de los Fúcares	Almadén
Redondilla	Trajineros	Cenicero
San Juan	San Juan al Prado	Moratín
Jesús	Fúcar	Fúcar

A partir de esos planos de la zona, de la estructura de las manzanas y de la numeración de los portales, y aceptando la hipótesis de que Boccherini residiera en ese barrio (no en el de Lavapiés) en el momento de morir, en mayo de 1805, abordamos un análisis que nos permita proponer en qué inmueble de la actual calle Almadén podría estar viviendo el músico al morir.

Tal como puede verse en el plano de Francisco González (p. 88 *supra*), las manzanas números 253 y 257, en las aceras que dan a la calle Jesús y María (Almadén), había sendas casas con portales numerados con el 5 (lado norte), de manera que, lejos de poder afirmar taxativamente en qué inmueble vivía el maestro, persiste la ambigüedad, con dos posibles respuestas.

El detalle de esas dos manzanas puede verse en las dos páginas siguientes: arriba, según los diseños de la *Planimetría General de Madrid*,[11] (hemos añadido el número **5** bien visible), y abajo, según elaboración propia, sobre la base de archivos digitales vigentes.[12]

---

[11] Las pequeñas cifras que aparecen en los planos son las medidas de longitud y superficie que se tomaron durante el proceso de confección de la *Planimetría General de Madrid* (iniciado durante el reinado de Fernando VI y acabado durante el de Carlos III), expresadas en pies castellanos, cuya equivalencia con el actual sistema mértrico decimal es de 1 pc = 0'279 metros, aunque aquí solamente nos puede dar una idea de las dimensiones de la fincas, no de los inmuebles, pues había jardines y patios interiores sin construir. Lo que sí resulta interesante es observar cómo la numeración de las casas seguía el perímetro de las manzanas, impares y pares consecutivamente, a diferencia de hoy, que sigue el sentido de la calle, con los pares a la derecha y los impares a la izquierda, tomando con referencia el centro de la ciudad (Puerta del Sol).

[12] En los perfiles actuales de las manzanas sólo mostramos los números de los portales que dan a la calle Jesús y María-Almadén (Advertimos que los números de las manzanas fijados por la *Planimetría General de Madrid* no tienen hoy ninguna vigencia).

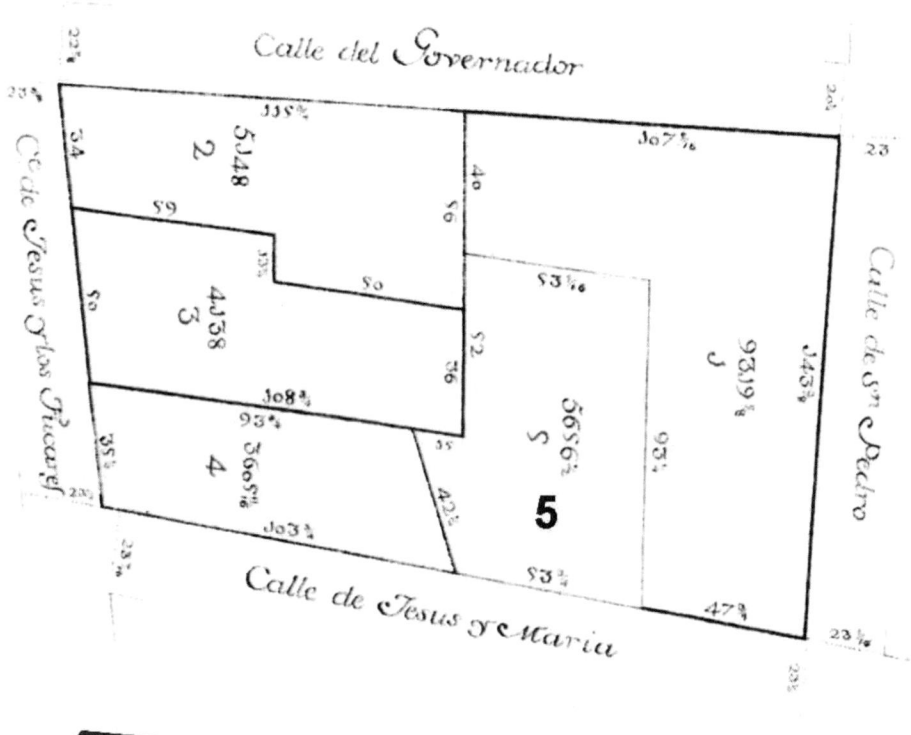

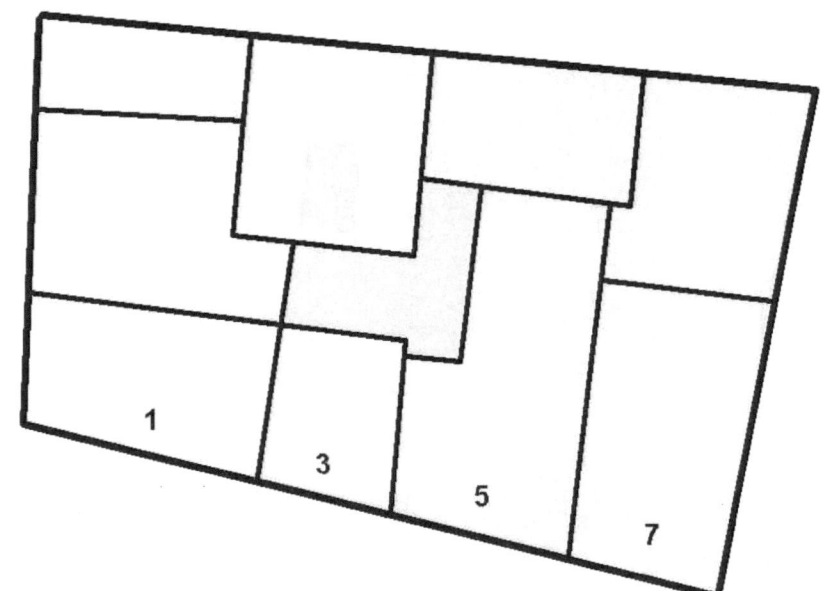

Manzana nº 253 (en el siglo XVIII y hoy)

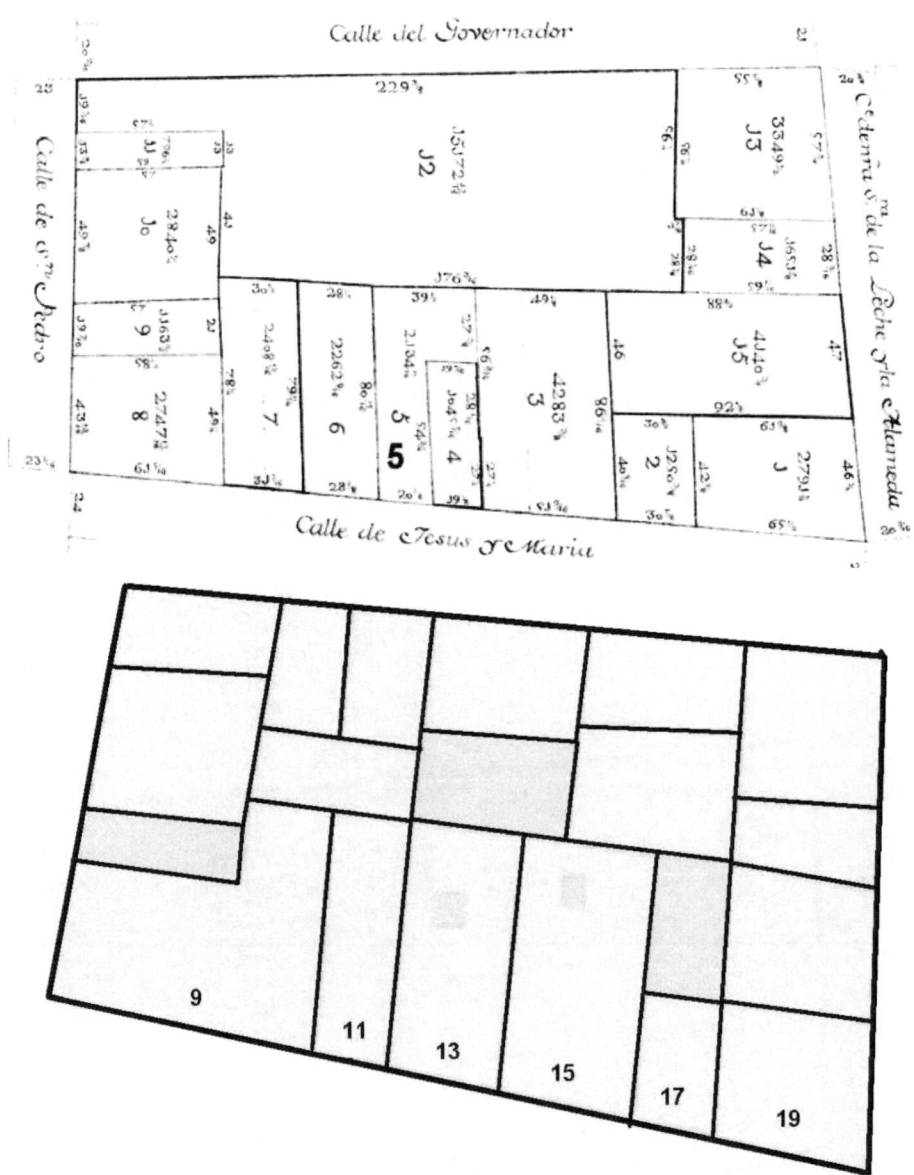

Manzana 257 (en el siglo XVIII y hoy)[13]

---

[13] A primera vista se observa que ambas manzanas han sufrido alguna alteración en la distribución interna de las fincas y de las fachadas, aunque son alteraciones de escasa incidencia, de modo que nos permite saber cuáles son las dos casas que buscamos.

Manzana 253

Comparando las dos imágenes de esta manzana que hemos presentado dos páginas atrás, se verifica que la finca número 5 del XVIII es también la finca número 5 actual, aunque con alguna muy ligera alteración del perímetro.[14]

La imagen actual del inmueble número 5 es la siguiente:

Portal número 5 de la calle Almadén[15]

una casa con una estructura perfectamente acorde con las edificaciones madrileñas del siglo XVIII: planta baja (a la altura de la calle), principal (piso in-

---

[14] Es una casualidad, pero no es un caso insólito. El resto de las fincas de la manzana han sufrido alteraciones más profundas; por ejemplo, la que era número 4 se ha dividido en dos (1 y 3); la que era finca número 1, también se ha dividido en tres; y la finca que era la número 2, son ahora dos fincas.

[15] Agradezco a Guillermo Martín Hidalgo la serie de fotografías que me facilitó de los inmuebles de la calle Almadén de la que he podido seleccionar las más representativas.

mediatamente por encima de la planta baja) y primero (normalmente llamado entonces 'principal'), aunque haya sufrido alguna remodelación decorativa o de mantenimiento. Los balcones, de muy escasa superficie, son también propios de la época, sin arriesgar volados excesivos.

Tomando la superficie que marca la *Planimetría General de Madrid* para esa finca (5.656'5 pies cuadrados), podemos calcular que tendría unos 440 metros cuadrados. A pesar de que, probablemente, habría que detraer la superficie de algún patio interior y de zonas comunes (escaleras, rellanos, y demás), se nos antoja una finca quizá demasiado grande para una familia que entonces solamente se componía de tres miembros: el compositor, su segunda esposa, Maria Pilar Joaquina Porreti y una hija, Teresa.

Veamos ahora el caso de la otra finca número 5 de Jesús y María.

Manzana 257

A la vista de los dos planos de la página 92 *supra*, no es difícil establecer que el número 5 del XVIII corresponde al número 13 actual, cuyo inmueble es el siguiente:

Portal número 13 de la calle Almadén

Las características son semejantes al anterior, aunque este cuenta con un piso más, ya que la parte superior parece añadida posteriormente, con altura, ventanas y diseño muy distintos.

Conviene indicar que la actual finca número 5 de esta manzana ha absorbido a la pequeña finca número 4 del XVIII y que, por tanto, la mitad derecha de la fachada que se ve en la fotografía no correspondería al número 5. Dado que en el plano de la *Planimetría General de Madrid* ambas fincas (4 y 5) presentan fachadas a la calle sensiblemente iguales, todo indicaría que las dos filas de ventanas en vertical, a la derecha de la actual puerta de entrada, pertenecerían a la finca número 4, mientras que la finca número 5 sería la porción del portal y la fila de ventanas a su izquierda.

En definitiva, parece claro que la fachada actual sería la adición de dos mitades y que la puerta de la fina número 4 se ha convertido en ventana, ganando el espacio dedicado a zaguán.

En cualquier caso, la superficie que indica la *Planimetría General de Madrid* para la finca número 5 es de 2.134 pies cuadrados, lo que equivaldría a unos 166 metros cuadrados, cuya superficie útil, descontando los mismos espacios que hemos mencionado para la otra manzana, sí parece adecuarse más a una familia de tres miembros.

Conclusiones hipotéticas

Remontándonos al año 1955 en que se quiso rendir homenaje a Boccherini instalando una placa en la fachada del actual número 5 de la actual calle Jesús y María (Lavapiés), ya vimos que se cometió un 'pecado' de presentismo, resultado de la ignorancia acerca de la organización urbanística del Madrid del siglo XVIII. Así, el año 2001, siguiendo las investigaciones previas de Gonzalo Pérez Morales y de su amigo Fernando Mínguez Izaguirre, que ya denunciaban, en 1993, dicha ignorancia oficial,[16] en el artículo BOCCHERINI SÁNCHEZ, J. A. y TORTELLA, J.: "Las viviendas madrileñas de Luigi Boccherini. Una laguna biográfica", intentábamos ampliar y precisar el itinerario de las viviendas madrileñas del músico, pero, sin razón aparente, dejamos de lado una de las dos calles Jesús y María susceptibles de haber sido la última vivienda del compositor: la que actualmente es la calle Almadén.

---

[16] Véase el libro PÉREZ MORALES, G.: *Vida de Luis Boccherini*, 1993, en BOCCHERINI Y CALONJE, A. y PÉREZ MORALES, G.: *Boccherini en familia*, donde ya se perfila un "Estudio preliminar" sobre estas cuestiones.

En cambio, hoy nos parece más probable, por su emplazamiento en el 'barrio literario', cercano al Paseo del Prado, que Boccherini se mudara desde la calle del Prado a lo que hoy es la calle Almadén, aunque fuera un barrio posiblemente más caro, dado que los Boccherini (Luigi y Maria Pilar Joaquina) eran personas pudientes, con un amplio patrimonio, recursos e ingresos, a pesar de la leyenda que ha circulado durante muchas décadas acerca de la pobreza del músico en sus últimos años, una leyenda ya sólidamente desmentida.

Y, de las dos posibles casas de la calle Almadén con el número 5 a principios del siglo XIX, por su superficie y por la composición de la familia Boccherini-Porreti, el año 1803, en que se mudaron, parece más razonable pensar que se tratara de la que hoy es la mitad izquierda del número 13.

Lo que aquí exponemos es, obviamente, una hipótesis plausible y no podemos más que desear y esperar que algún día pueda confirmarse o desmentirse, pero nos parece que, contrariamente a lo que ha sido tradicional creer, los más probable es que Boccherini muriera mientras vivía en la finca numero 13 (izquierda) de la actual calle de Almadén que, en 1805, era el número 5 de la manzana 257, de la calle Jesús y María, en el barrio de la Plazuela de San Juan, un barrio que abarcaba el 'elegante' Paseo del Prado, de Madrid.

—■—

BIBLIOGRAFÍA

BOCCHERINI Y CALONJE, Alfredo y PÉREZ MORALES, Gonzalo: *Boccherini en familia*, ALB y Editorial Arpegio, Madrid y Sant Cugat, 2010.

BOCCHERINI, José Antonio y TORTELLA, Jaime: "Las viviendas madrileñas de Luigi Boccherini. Una laguna biográfica", en *Revista de Musicología*, Madrid, Vol. XXIV, Nº 1-2, enero-diciembre 2001, pp. 163-188.

BONACCORSI, Alfredo: "Contributo alla storia di Boccherini", en *La Rassegna Musicale*, Vol. XXXVIII-3, 1938.

BONAVENTURA, Arnaldo: *Luigi Boccherini*, Treves, Treccani e Tumminelli, Milan, 1931.

CERÙ, Domenico Agostino: *Cenni intorno alla Vita e le Opere di Luigi Boccherini letti alla R. Accademia dei Filomati nella tornata del 18 aprile 1864 da D. A. Cerù*, Società del Quartetto Instituita in Lucca, Tipografia Fratelli Cheli, Lucca, 1864.

FÉTIS, François: *Bibliographie Universelle de Musicians et Bibliographie General de la Musique*, Firmin Didot, Paris, 1866.

GÉRARD, Yves: "Luigi Boccherini and Madame Sophie Gail", en *Consort*, XXIV, 1967, pp. 294-309.

CHORON, Alexandre, et FAYOLLE, François: *Dictionnaire Historique des musiciens*, Chimot, París, 1810.

COLI, R.: *Luigi Boccherini*, Maria Pacini Fazzi Editore in Lucca, 1988.

— *Luigi Boccherini*, G. Zanibon, Milano, 1992.

— *Nobili e ignobili nel settecento lucchese*, Matteoni Stampatore, Lucca, 1999.

— *Perdigon*, Maria Pacini Fazzi Editore, Lucca, 2005.

— *Luigi Boccherini. La vita e le opere*, Maria Pacini Fazzi Editore, Lucca, 2005.

COLI, Remigio e TONELLI, Giovanna: *Dame e Cicisbei a Lucca nel tardo settecento*, Maria Pacini Fazzi Editore, Lucca, 2008.

COLI, Remigio e TORTELLA, Jaime: "I fandanghi di Boccherini", en *Boccherini Online*, 2010.

GONZÁLEZ, Francisco: *Madrid dividido en ocho quarteles*, Librería de Joseph Batanero, Madrid, 1ª ed., 1769.

LÓPEZ MARTÍN, Ismael: "El costumbrismo en la tonadilla escénica del siglo XVIII: El sistema de los preocupados, de Blas de Laserna", en *Cuadernos de Estudios del Siglo XVIII*, nº 31, Universidad de Extremadura, Oviedo, 2021, pp. 291-318.

MALFATTI, Guido: *Luigi Boccherini nell'arte, nella vita, nelle opere, 1805-1905*. Tipografía Alberto Amedei, Lucca, 1905..

MANGANI, Marco: "La música de Boccherini en las sesiones de Pierre Baillot (1814-1840)", en *Estudios Musicales del Clasicismo – 6 "Los Boccherini"*, Asociación Luigi Boccherini y Editorial Arpegio, Madrid y Sant Cugat, 2022, pp. 55-95.

MARTÍNEZ TORNERO, Carlos A.: "Nuevos datos sobre las instituciones generadas tras la ocupación de las temporalidades jesuitas", en *Hispania Sacra*, LXV, Extra II, Madrid, julio-diciembre 2013.

PICQUOT, Louis: *Notice sur la vie et les ouvrages de Luigi Boccherini suivie du catalogue raisonné de toutes ses oeuvres, tant publiées qu'inédites*, Chez Philipp, éditeur de musique, Paris, 1851. (Existe una edición de 1930, con el título *Boccherini, notes et documents nouveaux par Georges de Saint-Foix*, Librairie Musicale R. Legouix, París, así como una edición en castellano: *Noticia de la vida y obra de Luigi Boccherini*, ALB, Tempo de Minuetto-1, Madrid, 2005, traducción y notas de Germán Labrador.)

PIDRE CARBALLA, Elsa: "La obra didáctica para violonchelo de Pablo Vidal. Una lectura crítica de los primeros tratados para la enseñanza del violonchelo en España en tiempos de Boccherini", Dissertação apresentada à Escola Superior de Música e Artes do Espetáculo como requisito parcial para obtenção do grau de Mestre em Música – Interpretação Artística, especialização Música Antiga, violoncelo barroco, Porto, 2017.

Planimetría General de Madrid – I. Planos (Seis libros), II. Asientos (Seis libros), Tabapress (edición facsímil, en dos volúmenes), Madrid, 1988 (las tres copias originales se conservan en la Biblioteca Nacional de Madrid, en el Archivo de Simancas y en el Archivo Histórico Nacional, respectivamente).

RÉPIDE, Pedro de: *Las calles de Madrid*, Ediciones la Librería, Madrid, 1995.

ROSADI, Giovanni.: *Di Luigi Boccherini compositore, commemorandosi il XXVIII maggio MCMV nel Teatro del Giglio a Lucca, sua patria, il primo centenario della nascita* [sic, debería decir '*morte*'], Tipografia Alberto Amedei, Lucca, 1906.

RUFETE, José Antonio y TORTELLA, Jaime: *Los Boccherini en Salamanca. Hacia una biografía de los papeles de Boccherini*, Asociación Luigi Boccherini y Editorial Arpegio, Madrid y Sant Cugat, 2023.

PEÑASCO, Hilario y CAMBRONERO, Carlos: *Las calles de Madrid. Noticias, tradiciones y curiosidades*, Madrid 1889 (edición facsímil por Ediciones Guillermo Blázquez, Guadarrama, 1984.

TORTELLA, Jaime: *Luigi Boccherini y el Banco de San Carlos*, Editorial Tecnos, Madrid, 1988.

— *Luigi Boccherini, un músico italiano en la España ilustrada*, Sociedad Española de Musicología, Madrid, 2002.

— *Luigi Boccherini. Diccionario de Términos, Lugares y Personas*, Tempo de Minueto – 3, Asociación Luigi Boccherini, Madrid, 2008.

—■—

EDITORIAL ARPEGIO: CATÁLOGO

Música

ARES YEBRA, Javier: *La* Poética musical *de Igor Stravinski*

BACIERO, Antonio: *Mozart. Cifras, Pasión y Juego. Lo cotidiano y lo insólito*

BACIERO, Antonio (coord.): *En torno a las cartas de Beethoven al archiduque Rodolfo*

BADURA-SKODA, Paul y DEMUS, Jörg: *Las sonatas para piano de L. Beethoven*

BASSAL, Josep y TORTELLA, Jaime: *Historia del violonchelo en Cataluña*

BERRILL, Simon: *Francesc Gabarró (1914-1990) - Un músic entre dos mons*

— *Francesc Gabarró (1914-1990) - Un músico entre dos mundos*

BOCCHERINI Y CALONJE, A. y PÉREZ MORALES, G.: *Boccherini intra-muros*, 2ª ed.

BOCCHERINI, Luigi: *Epistolario*, 2ª ed.

— *Quinteto para flauta y cuerda, "Las Parejas"*

— *Dos versiones de la Escena de Inés de Castro, G. 541*

CAPDEVILA I FONT, Manuel: *Franz Schubert vist pel seu millor amic*

— *Franz Schubert visto por su mejor amigo*

FALKE, Gustav-H. H.: *Sobre lo bello en Mozart*

GALLEGO, Antonio: *La música ilustrada de los jesuitas expulsos*

GARCÍA MANZANO, Julia Esther: *Música medieval occidental*

GEMINIANI, Francesco: *The art of playing on the violin*

GINSBURG, Lev: *Luigi Boccherini y su papel en el desarrollo del arte del violonchelo*

KAISERKERN, Babette: *Luigi Boccherini – El clasicismo mediterráneo*

LOGINOVA, Larisa: *¿Qué podemos leer en una partitura?*

MACAYA, Jesús Mª: *Emilio Arrieta y el teatro lírico español del siglo XIX*

— *Juan María Guelbenzu y la Sociedad de Cuartetos (1819-1886)*

MARTÍN COLINET, Mª Consuelo: *Joaquín Rodrigo - Victoria Kamhi*

MOZART, Leopold: *Escuela de violín (Violinschule)*

NAVARRO PASCUAL, Mª Luisa: *Félix Máximo López, múisco y "poeta estrafalario"*

NIKITINA, Liudmila: *Los compositores rusos de los siglos XIX y XX*

OTERO ARAGONESES, David: *Rescate del olvido-Once violinistas y compositoras*

PASCUAL I TRIAY, Josep: *Baldassare Galuppi, "Il Buranello"*

PÉREZ TORRECILLAS, Carmen: *Giulietta Gordigiani*

PESSARRODONA, Aurèlia: *Jacinto Valledor y la tonadilla*

PICQUOT, Louis: *Noticia de la vida y obra de Luigi Boccherini*, 2ª ed.

RAMPAL, Jean-Pierre: *Memorias*

ROTHSCHILD, Germaine de: *Luigi Boccherini. Su vida y su obra*, 2ª ed.

RUFETE, J. Antonio y TORTELLA, Jaime: *Los Boccherini en Salamanca*

TOLOSA, Eusebi y TORTELLA, Jaime: *1927 Centenario Beethoven-Legado Magriñá*
TORRES, Xavier: *El oratorio musical en Italia (ss. XVII y XVIII) Música en sociedad*
TORTELLA, Jaime: *Luigi Boccherini. Diccionario de Términos, Lugares y Personas*
— *Scarlatti Post-Mortem*
TORTELLA, Jaime (coord.): *Conmemoración II Centenario Luigi Boccherini*
— *ALB: 10 años de actividad*
TURINA, Guillermo: *La música en torno a los hermanos Duport*
— *El violonchelo en España en el siglo XVIII*
ZIMBALDO, Daniel Amadeo: *Aproximación a la música de Dallapiccola*

ESTUDIOS MUSICALES DEL CLASICISMO (EMC)

EMC – 1
EMC – 2 (Danza y ballet en España)
EMC – 3
EMC – 4 (Estética del teatro musical)
EMC – 5 (Estudios en torno a Luis Misón)
EMC – 6 ("Los Boccherini" – Homenaje a Yves Gérard)
EMC – 7 ("Boccherini" – Homenaje a Remigio Coli)

EDITORIAL ARPEGIO: CATÁLOGO

HISTORIA

AGUILAR PIÑAL, Francisco: *Madrid en tiempos del 'Mejor Alcalde'* (4 Vols.)
ALABRÚS, Rosa Mª: *Juliana Morell – De niña prodigio a maestra de las emociones*
ALABRÚS, Rosa Mª (coord.): *La memoria escrita de los dominicos*
— (ed.): *La vida cotidiana y la sociabilidad de los dominicos*
BARCELÓ, Gabriel: *Colón y su* Empresa de Indias
BRYANT, Louise: *Seis meses rojos en Rusia* (Edición GRUPO VIULME)
— *Semblanzas de Moscú* (Edición GRUPO VIULME)
'CASANOVA, Giacomo': *Soliloquio de un pensador*
GRUPO VIULME: *Lenin, 100 años después de su muerte*
LEÓN SANZ, Virginia: *El Archiduque Carlos y los austracistas*
MARTÍNEZ HOYOS, Francisco: *Francisco de Miranda, el eterno revolucionario*, 2ª ed.
— *Mercedes Vilanova. La raíz de las fuentes orales*
ORTUZAR CASTAÑER, Trinidad: *La Duquesa de la Torre "Mariscala Serrano"*
— *El general Serrano, duque de la Torre. El hombre y el político* (2 vols.)
PAGÈS, Gisela: *Micaela Villegas, "La Perricholi"*
PÉREZ SAMPER, Mª Ángeles (coord.): *La Mediterrània a l'època moderna*
— *Vivir en la España Moderna*
REED, John: *Diez días que conmocionaron al mundo* (Edición GRUPO VIULME)
TORTELLA, Jaime: *Bolivia otra vez – El estaño y el litio (1951 y 2019)*, 2ª ed.
— *"Excepto Rusia y Países satélites". Un viaje a la* Cara oculta de la Tierra
— *"Excepto Rusia y Países satélites". Un viatge a la* Cara oculta de la Terra
UCEDA REQUENA, Juan: *La época de los Austrias (ss. XVI-XVII) – De la A a la Z*

HISTORIA DE LA CIENCIA

BARCELÓ, Gabriel: *Miguel Catalán: Memoria viva*
— *Historia de la concepción humana del Cosmos* (2 Vols.)
DORCE, Carlos: *Historia de las Matemáticas en España* (2 Vols.)
GARCÍA CAMARERO, Enrique: *La ciencia en la historia de España* (2 Vols.)

Discos en distribución

Luigi Boccherini
Cuartetos de cuerda, Op. 8 (G. 165-170), por ARTARIA STRING QUARTET
Violines y viola: Catherine Kyme, Elizabeth Blumenstock y Anthony Martin
Violonchelo: Elisabeth Le Guin
Barcelona, 2009, Columna Música 1CM0221
Textos (en español e inglés): Elisabeth LE GUIN y Jaime TORTELLA

Luigi Boccherini
Tríos para cuerda, Op.34 (G. 101, 102 y 103), Vol. I, por LA RITIRATA
Violines: Hiro Kurosaki y Lina Tur Bonet
Violonchelo y dirección artística: Josetxu OBREGÓN
Barcelona, 2010, Columna Música 1CM0258
Textos (en español, inglés e italiano): Jaime TORTELLA y Josetxu OBREGÓN

Luigi Boccherini
Tríos para cuerda, Op.34 (G. 104, 105 y 106), Vol. II, por LA RITIRATA
Violines: Hiro Kurosaki y Lina Tur Bonet
Violonchelo y dirección artística: Josetxu OBREGÓN
Barcelona, 2011, Columna Música 1CM0275
Texto (en español, inglés e italiano): Jaime TORTELLA

Más información y contacto:

www.editorialarpegio.com
info@editorialarpegio.com